百萬雄師過大江——渡江史料叢刊

蘇州概況

中共華中工委會調研室 編印

南京出版傳媒集團
南京出版社

圖書在版編目（CIP）數據

蘇州概況 / 中共華中工委會調研室編印. -- 南京 : 南京出版社, 2025. 6. -- (百萬雄師過大江 : 渡江史料叢刊). -- ISBN 978-7-5533-5271-8

Ⅰ. K295.33

中國國家版本館CIP數據核字第2025VW4607號

書　　名　蘇州概況
作　　者　中共華中工委會調研室
出版發行　南京出版傳媒集團
　　　　　南 京 出 版 社
社　　址　南京市玄武區太平門街53號
郵　　編　210016
聯繫電話　025-83283873、83283864（營銷）　025-83112257（編務）

學術顧問　盧海鳴
策劃統籌　謝　微
責任編輯　謝　微　楊傳兵
裝幀設計　王　俊
責任印製　楊福彬

排　　版　南京新華豐製版有限公司
印　　刷　南京凱德印刷有限公司
開　　本　787毫米 × 1092毫米　1/16
印　　張　10.25　　插　頁　1
字　　數　140千
版　　次　2025年6月第1版
印　　次　2025年6月第1次印刷
書　　號　ISBN　978-7-5533-5271-8
定　　價　98.00元

總序

章百家

中國共産黨領導的人民解放戰争氣勢磅礴，史無前例。渡江戰役是中國人民解放軍在解放戰争的戰略追擊階段發起的首場重大戰役。這套『百萬雄師過大江——渡江史料叢刊』，由南京出版傳媒集團（南京出版社）聯合江蘇省檔案館、渡江戰役紀念館等單位共同策劃和編纂，是迄今關于這一專題規模最大、内容最豐富的史料集。

一九四六年六月底，國民黨當局不顧全國人民的反對，撕毀于當年一月達成的停戰協定和政協協議，派兵向中原解放區發動大規模進攻，全面内戰由此爆發。此後兩年多時間，人民解放軍先後粉碎了國民黨軍隊發動的全面進攻和重點進攻，從戰略防禦轉入戰略進攻。一九四八年九月至一九四九年一月，在戰略決戰階段，解放軍取得遼瀋、淮海、平津三大戰役的勝利，并以鋭不可當之勢，直逼國民黨的統治中心南京。在長江以北地區的戰略防禦崩潰之後，國民黨當局試圖憑藉長江天塹負隅頑抗，以實現『劃江而治』。爲早日結束戰争，實現真正的國内和平，從四月一日起，以周恩來爲核心的中國共産黨代表團和以張治中爲核心的國民黨政府代表團在北平舉行談判。四月二十日，南京國民黨政府拒絶在雙方代表團達成的《國内和平協定》上簽字，談判破裂；人民解放軍隨即發起渡江戰役這一中國軍事史上規模空前的强渡長江的進攻戰。

四月二十一日，中國人民革命軍事委員會主席毛澤東和中國人民解放軍總司令朱德發布向全國進軍的命令。以鄧小平爲書記的總前委，統率第二、第三野戰軍和華東軍區、中原軍區百萬雄師，在西起湖口、東至江陰的千里戰綫上分三路强渡長江。七十萬國民黨軍苦心經營三個半月的長江防綫頃刻瓦解。二十三日，解放軍占領南京，標志着國民黨在大陸二十二年反動統治的崩潰。接着，解放軍乘勝進軍，解放杭州、漢口、武昌、漢陽、南昌、上海等大中城市及縣城共二百一十座；解放江蘇、安徽兩省全境，浙江省大部分地區和江西、湖北、福建等省部分地區。整個戰役歷時四十二天，以六月二日解放軍占領長江口外的崇明島爲結束。此戰役，人民解放軍以傷亡六萬餘人的代價殲滅國民黨軍四十三萬餘人。這場勝利爲隨後解放華東全境及華南、西南地區創造了有利條件。

渡江戰役能够順利推進，與充分的戰前準備分不開。早在一九四八年初，中央軍委就開始籌劃渡江戰役并做出周密部署，除軍事方面外，還包括接管和後勤等方面。爲了快速有序地接管國統區的大中城市，華東局社會部、中國人民解放軍第二野戰軍等指導地下黨組織開展了一系列調查研究工作，編印了一批江南沿綫主要城市的調查資料和城市概况，對這些城市當時的土地人口、政治機構、公共事業、文化教育、黨派社團及軍、警、憲、特等情况進行了詳細介紹。同時，在中共中央、中央軍委的統一部署和渡江戰役總前委的統一指揮下，江北解放區政府和廣大人民群衆進行了一場長達五個多月的轟轟烈烈的支前運動，共發動民工三百二十萬人，徵用民船五萬多艘，籌運糧草四億五千萬斤及大批作戰器材和軍需物品，可以説，這場戰役的勝利是『老百姓用小船划出來的』。

渡江戰役是一段值得銘記的歷史。從戰役準備到戰役結束，積累了大量資料，涉及多個研究領域，具有珍貴的史料價值。迄今，關于這場戰役雖有不少學術成果、文藝作品面世，但史料的整理和出版工作却一直有所不足。渡江戰役的史料大多散見于各類檔案館、紀念館、圖書館中，不少史料從未公開出版過，一些早先出版的現也不易找尋。更緊迫的是這批史料的保護問題。民國後期的原始檔案和文獻，其使用的紙張百分之八九十已嚴重老化，而隨着時間推移，其老化、損壞的程度還將加劇。上述問題已受到學界的關注和檔案部門的重視。

渡江史料叢刊内容豐富，包括：介紹長江沿綫主要城市信息的概况和調查資料，如《南京概况》《南京調查資料》《蘇州概况》《無錫概况》等；展現軍民一心的渡江戰役支前檔案，如《渡江戰役支前檔案精編》等；還有渡江戰役勝利後我軍的作戰總結，如中國人民解放軍第二十七軍政治部編印的《渡江淞滬戰役政治工作總結》等。同時，這套叢刊采用科技手段，儘可能呈現史料原貌，以精緻的方式出版這批珍貴的紅色史料，對其而言，不僅是搶救和保護，也可以説是化身百千，必將有利于其日後的傳播和利用。

習近平總書記指出：『中國革命歷史是最好的營養劑。』這套叢刊的出版，再現了『打過長江去，解放全中國！』渡江戰役的光輝歷史，展現了軍民團結、萬衆一心，誓將革命進行到底的堅定信念和英雄氣概。時至今日，這筆寶貴的精神財富，必將激勵我們排除萬難、奮勇争先，以中國式現代化全面推進中華民族偉大復興。

導讀

鄧攀

《蘇州概況》鉛印一册，中共華中工委會調研室編印。

解放戰争時期，我黨爲接管城市，非常注意開展城市調查。一九四八年十一月底在淮海戰役期間，中共上海局在香港舉辦的幹部學習班，專門强調『爲配合將來接收、管理城市，還應加緊調查研究工作，各單位指定專人負責』。一九四九年一月，中央軍委決定在長江下游發起渡江作戰，中共華東局社會部按照上級指示，開始部署調查工作，發布『京滬調查提綱』，以備解放、接管江南城市。①

除了南京、上海等中心大城市，其他江南城市的調查工作一般由中共華東局下屬的中共華中工作委員會（簡稱華中工委）負責。華中工委會于一九四七年十一月十日在射

①鄧攀、徐彦、繆慧：《解放前夕南京城市調查資料編纂研究——以〈南京調查資料〉和〈南京概况〉爲例》，《黨的文獻》二〇一九年第二期。

陽宣布成立，書記爲陳丕顯，委員有管文蔚、曹荻秋等。

一九四八年五月到八月，中共華中工委爲配合解放軍戰略反攻，加强對江南及長江沿綫工作的領導，與下屬第一、第二和第九地委先後組建江南工作委員會。其中，華中工委江南工作委員會，簡稱華中江南工委，代號爲『吉林大隊』，以管文蔚爲書記。一地委江南工委分工領導澄武錫和澄錫虞地區，九地委江南工委分工領導蘇常太地區，而當時主要活動于蘇州城區的黨組織——蘇州工委隸屬中共上海局外縣工委，他們都參與了蘇州及附近地區的城市調查工作。

當時國民黨政權在蘇州設有江蘇省第二區行政督察專員公署（下轄十八個縣，範圍包括蘇南太湖以東至上海周邊地區）、江蘇高等法院，城市地位較高，是京滬綫中段的政治中心。蘇州雖然在民國建立後撤府并縣，行政建置的正式名稱爲吴縣，但吴縣本身也是一等縣，一九四五年抗戰勝利後隸屬江蘇省第二區行政督察專員公署，爲其首邑。二十世紀四十年代末，全縣有一百一十萬人口，其中城廂内外達五十萬人左右（《蘇州概况》），屬于國内少有的大城市。城區區署裁撤後分爲十二鎮一鄉，直屬縣府。城區之外，全縣分爲八個區署五十九個鄉鎮。因此，蘇州的情况調查非常重要。

一九四八年底，華中工委要求蘇南黨組織全面搜集蘇南政治、軍事、經濟、交通、文化等十個方面情况。九地委江南工委隨即成立調研組，組長爲長期在蘇南做地下工作的常熟籍幹部仲國鋆。調研組分爲十多人的外勤組和近十人的内勤組。其中外勤組工作方式，就是根據調查提綱，通過秘密工作人員利用各種關系網搜集資料。九地委江南工委在蘇州開展調查的秘密工作人員是《江東日報》記者歸行肇，上綫是外勤組負責蘇、常、昆、太的王峰。内勤組負責分工整理資料，經鑒别歸納形成初稿，遇疑難問題還須以集體討論來解决。據《常熟文史資料輯存》第十二輯記載，分縣概况草稿于一九四九年二月中旬送到華中江南工委。

蘇州工委則根據其上級中共上海局指示，于一九四九年初發動所屬黨組織，對蘇州的國民黨黨政機關、駐軍、工商業、學校等開展了全面深入的社會調查，經工委分類整理後，通過秘密的跨江交通綫突破國民黨嚴密的長江封鎖送往蘇北。

蘇西、蘇西北地區的黨組織及澄虞錫交通組、共青團員，秘密行動搜集了大量信息動態，特别是蘇州地區各警察所及武器配備情况、中統特務組織花名册和軍統特務機構動態等重要情况。①

除了敵占區的黨組織，華中工委在根據地也搜集了資料。如華中工委領導下的幹部

①中共蘇州市委黨史工作辦公室：《中國共産黨蘇州歷史·第一卷（一九一九—一九四九）》，蘇州：蘇州大學出版社，二〇二一年，第三一八、三一九頁。

學校——華中大學（駐地鹽城）的蘇州籍學員即收到命令，要求提供自己掌握的蘇州情況，并强調『内容務必真實可靠，道聽途説的一律不寫』。

這些不同渠道搜羅的材料，在『極匆促』的短時間内被匯集到華中工委調研室，經其『趕編付印』，最終形成三十二開本的《蘇州概況》。同時，華中工委調研室還編印了江蘇沿江與蘇南各縣概況或調查，其封面格式大體一致，有編印單位、時間，内有統一的前言。也有些縣的材料難以搜集，内容比較簡略，如《江寧調查》《溧水調查》，封面没有署名編印單位。目前已發現的各縣概況或調查達十七種之多，涵蓋江蘇省内的第一（丹陽）、第二（吴縣）、第三（松江）、第五（江都）行政督察區。其中蘇州爲首第二區八個縣，除了武進和吴江以『調查』爲名，其餘皆爲『概況』。

民國時期，吴縣僅爲行政建置名稱，地名仍沿稱蘇州。一九二八年至一九三〇年曾一度設立蘇州市，又以財政緊縮為由而撤銷。本書不用吴縣而以蘇州冠名，稱《蘇州概況》，與同樣由常州府改設的武進不同，後者書名即爲《武進調查》。其原因大概是蘇州名稱影響大，在社會上通行不廢，蘇州的中共黨組織即稱蘇州工委，而常州的黨組織則與行政區一致，稱澄武錫工委（澄指江陰，錫指無錫）、武進城工委，不用常州之名。

《蘇州概況》包括前言、目録、正文和勘誤，正文有七個部分，分别是『一般概況』『政治』『軍事』『公用交通』『經濟』『文教』『社會』，正文文首有『蘇州城區簡圖』

一幅。其篇章結構、排序以及書寫體例，與其他各縣概况大同小异，顯然依據的是統一的調查提綱，并且由華中工委調研室在各地委江南工委的編輯基礎上進行了統稿，附上了完全一樣的前言。與中共中央社會部創辦的書報簡訊社名義編印的《南京概况》相比，雖然書名、體例相類，但由于城市地位不如後者，投入的人力與資源有限，目次、篇幅明顯簡略。

全書正文一百四十頁，其中『政治』『經濟』『文教』『社會』占了主要篇幅，各有三十頁左右。

第一部分的『一般概况』，總體介紹了蘇州的沿革、地形、面積、人口、耕地、物産、城區、鄉鎮、政權組織、財賦、文教、名勝古迹，特別列舉了早稻蘆花白、花剛石、東山枇杷、西山楊梅等名産，對首鎮滸墅關也有詳細介紹，包括該鎮發達的産業和自衛隊情况，關于文教昌盛和名勝古迹的記載則鮮明體現了蘇州的人文特色。

政治部分，主要是介紹行政機關、司法機關、咨詢機關、駐蘇機關、黨團機構、特務機構，一般都包含地址、各級負責人、内設機構等。行政機關包括省第二區行政督察專員公署、縣政府、縣警察局、縣教育局、縣田賦糧食管理處、縣地籍整理辦事處、縣税捐稽徵處、各區署。警察局記載尤詳，包括九個分局、三個直屬分駐所，城内各分局警員和槍枝數量，甚至下屬分駐所的地址、巡官、電話，也都一一記録。司法機關包括江蘇高等法院及其檢察處、看守所、江蘇第一監獄，以及吴縣地方法院及其檢察處，這是重點調查的部分，從各單位負責人到基層的推事、書記官、科員等各級任職人員都記録了姓名、性别、籍貫、年齡，有的重要人員還記録了住址。咨詢機關即縣參議會，列出了三十多名正副議長及參議員的姓名，并附記了職業、住址等信息。駐蘇機關包括財政部吴縣國税稽徵局（由直接税局和貨物税局并設）、省公有地産管理局蘇州分局、省公路局吴縣管理站等。黨團包括國民黨縣黨部、中央黨部辦事處、三青團團部（名義上已并入國民黨，内部仍保持原有系統）及青年黨、民社黨，各黨人數也做了估算。特務組織收録了四個，即保密組織（軍統）、黨統組織（中統）、憲兵司令部吴縣特高組、首都衛戍司令部諜報第三組（太湖工作站），其負責人、主要骨幹及軍統、中統的外圍組織都被記録，其中一些重要人物還附有住址。

軍事部分，包括駐蘇機關和地方團隊，前者有青年軍二〇二師司令部、聯勤總司令部駐蘇機關、交通警察總局、蘇州城防指揮部、吴縣團管區司令部、江蘇省太湖水上警察局、蘇昆吴三縣聯防指揮部、國防部江蘇軍人監獄，對城防指揮部組織侍應人員開展諜報訓練的情况記録較詳，後者有吴縣保安團、吴縣民衆自衛總隊、工商業自衛隊（籌組中）。這部分涉及軍事機密，也是調查難點，篇幅雖然不多，但槍枝、兵力、内部機構、重要人物等關鍵信息均有介紹。

公用交通部分，是城市運轉、對外聯系的關鍵門類，主要記録有郵局、電訊局、電話局、電氣廠、電氣公司、自來水廠籌備處、鐵路車站、長途汽車公司、汽車行商、航運綫路、航運公司等。公用事業多爲官辦，交通業中從事公路和水路運輸的則以民營企業爲主。

經濟部分，分金融業、工商業兩大類。金融包括了銀行、錢莊、銀樓、保險公司，非常發達，其中官僚資本的『四行兩局一庫』除了中央銀行都在蘇州有分支機構，從中國銀行、交通銀行、中國農民銀行、中央信托局、郵政儲金匯業局、中央合作金庫，到地方的省、縣銀行，還有其他私人銀行、城區銀行多達二十三家；錢莊十五家，銀樓二十家，體現了傳統金融業的興盛；保險公司十八家，大多成立時間不到十年，見證了蘇州保險業的快速發展。工商業包括紡織業、蠶絲業、織綢業、襪衫業、面粉業、米糧業、煤鐵業、油業、火柴皂燭、倉庫糧棧、農場、合作社、其他各業，其中紡織（紡織廠十三家、紗布莊十二家）、織綢（綢廠三十二家、綢莊十二家）、面粉（面粉廠十三家、面粉號十四家），收録企業數量較多、較詳，是蘇州工商業的優勢門類。

文教部分，分爲報社（十二家）、通訊社（六家）、廣播電臺（兩家）、學校（大學四所、專科學校四所、師範學校四所、職業學校六所、中學二十五所、縣立和私立小學二十六所）、社教機關（圖書館六家、民衆教育館、公共體育場、中正公園）、書店（八家）、印刷所（十二家）等七大類。其中傳媒、學校、圖書館記録較詳，着墨最多的是私立東吴大學、國立河南大學（因開封解放而南遷）、國立社會教育學院，一些重要人物思想傾向都有反映。

社會部分，分爲社會團體（包括縣總工會、商會、農會、婦女會、教育會等五大『匪僞法定團體』，自由職業團體三家，其他社團十六家）、醫院（三十五家）、救濟事業（縣救濟院、孤兒院、救火會）、教堂（十二座）、寺院（佛道三座）、公共場所（旅社四十四家、影院戲院十二家、茶室六家、浴室八家、匪僞住宅二十二所）、人物（十三名）、外僑等。蔣介石、顧祝同、孫科等國民黨軍政要員在蘇州的住所都收入了『匪僞住宅』。『人物』主要收録了僞立法委員嚴欣淇、原省第二行政督察專員許賢光、汪僞江蘇省長任援道（投靠蔣介石後已遷居香港）等本地有影響的實力人物或名人。在半封建半殖民地國家開展革命必然要注意摸清外國資産和外籍人員情況，書中特别記録了蘇州古城是『美帝文化乃至政治侵略的温床』，其牧師、醫師、教師『在葑門天賜莊一帶設置教堂、學校各九所，醫院四、五所』，據不完全統計僅美僑就有七十三人，主要分布在博習醫院、東吴大學、基督教青年會、景海女師、萃英中學、惠靈中學等乃至中美合作所。

前言提及的『匪情變化頻繁，機構人事，朝令夕改』，『材料搜羅不易』，集稿時間倉促，書中遺留的一些空白可以看到這種遺憾。比如有些『匪僞住宅』的主人僅記職務，未記人名，可見打探之艱難。外僑部分僅統計了美籍人員。孤兒院的具體内容也是空白。

内容的詳略不一明顯是受限于手頭資料，如對交通銀行吴縣分行的機構與人員記録極爲細致，其他銀行機構衹記録了地址、電話、負責人。個别分類比較牽强，如百貨公司歸類在襪衫業下做了介紹。故編者有『去理想遠甚』的感慨，在發現趕排誤植的錯誤後還專門附印了一頁《勘誤》。雖有種種遺憾，却更讓後人感到隱蔽戰綫鬥争的艱難與貢獻的珍貴，也看到了當年編撰者的嚴謹與務實。

一九四九年四月二十六日，解放軍二十九軍從無錫出發，向蘇州進軍。經一日激戰，國民黨軍一八二師五四四團、五四五團近兩個連被殲，保安團一個連投降。解放軍于二十七日拂曉從平門、閶門、婁門、金門入城，六時蘇州宣告解放。在軍管會的領導下，入城幹部憑着人手一册的《蘇州概况》，遵照『自上而下，按照系統，原封不動，整套接收』的方針，順利開展了城市接管工作。

基于在『全面解放前夜』搜集的軍事、政治、經濟等一手敵情資料，以階級分析的視角編撰而成的《蘇州概况》，涵蓋全面，内容詳盡，軍事部署、警力配置、經濟布局、民生狀況、文教特點，一目了然，極具實用價值，爲解放蘇州、接管城市及後續治理提供了重要的決策依據和參考。

《蘇州概况》作爲解放戰争時期中共地方組織編印的實用情報手册，見證了隱蔽戰綫的英勇鬥争和舊政權的覆亡、人民政權的誕生，成爲後人研究蘇州中共黨史和地方歷史的重要原始文獻。

本書現收藏于江蘇省檔案館、蘇州革命博物館等。『百萬雄師過大江——渡江史料叢刊』收録的《蘇州概況》據初印本爲底本影印出版，原版長一百七十七毫米、寬一百二十八毫米。

No.________

蘇州概況

中共華中工委會調研室編印

一九四九，三

前言

由於長江阻隔，材料搜羅不易，時不我待，集稿復極匆促；編者能力有限，祇就手頭材料，趕編付印，致全書內容不夠充實，部份材料失之偏枯，去理想遠甚。更值全國解放前夜，匪情變化頻繁，機構人事，朝令夕改；是以內容與實情間有出入，殆所難免。本編僅供參攷，尚希閱者鑒別。

中共華中工委會調研室　一九四九，三

蘇州概況目錄

插圖：蘇州城區簡圖

第五部份　經濟

第六部份　文教

第七部份 社會

城區簡圖

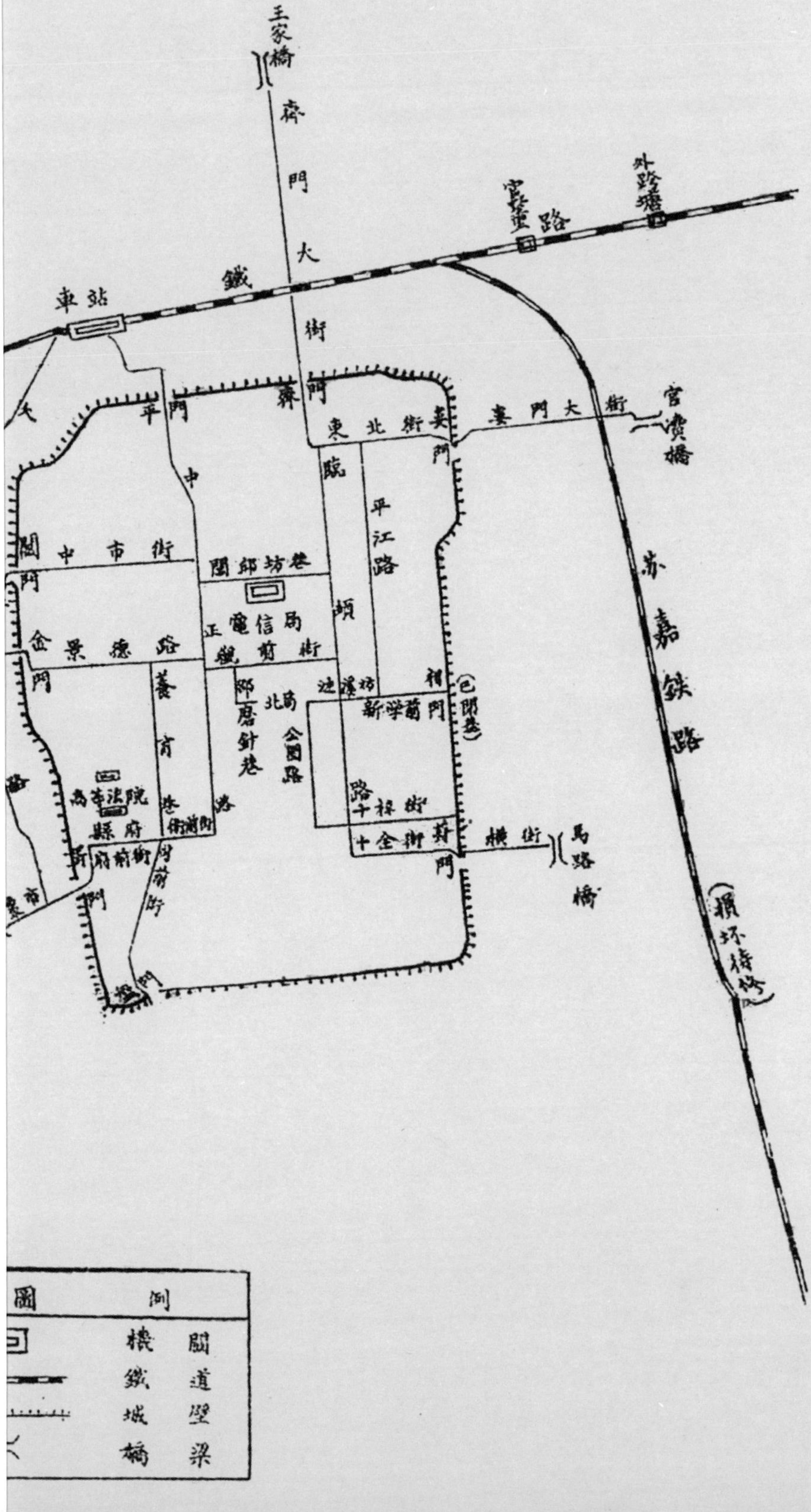

王家橋
齊門大街
鐵路
車站
外跨塘
官瀆橋
婁門大街
東北街
婁門
齊門
平門
中市街
閶門
金門
景德路
養育巷
臨頓路
平江路
蘇嘉鐵路
馬路橋
十全街
葑門
橫街
胥門
電信局
圖例
機關
鐵道
城壁
橋梁

第一部份　一般概況

一、沿革與地形

蘇州古稱大藩地，周初爲太伯邑，春秋爲吳國都，秦置吳縣；漢爲會稽郡治，宋平江府，元平江路，明淸蘇州府，皆設治於此。民國廢府，復爲吳縣，惟通常仍沿稱蘇州。另有吳門、姑蘇、金閶、平江諸別稱。現爲江蘇省第二行政督察區首邑。

縣境地勢平衍，惟西南多山，東南多湖。羣山縣亙，以香山、胥山、天平山、靈岩山、橫山、姑蘇山、金山、鄧尉山等爲著。東洞庭、西洞庭二山對峙在太湖中。運河自吳江入縣南境爲胥江，南滙，北經縣治西折，北入無錫。婁江在城東婁門外，上承太湖，東流崐山。吳淞江自吳江入境，東北流入崐山。胥塘自太湖口東流，經胥口、木瀆入運河。太湖、石湖、及漊湖俱在西南，陽澄湖在東北，尹山湖、沙湖，俱在東南。

二、面積與人口

東界崐山，南接吳江，北鄰常熟，西兩太湖與無錫接界，東西相距一百四十五里，南北相距八十五里，面積3,733,125市畝。

本縣人口共爲1,105,576人，內男567,333人，女538,243人，壯丁數爲212,120名。

三、耕地與物產

全縣可耕地面積計一百八十一萬四千六百二十八市畝（一作二一七萬市畝）；水田佔一百四十八萬七千三百八十三市畝；旱田六萬一千八百六十一市畝；山地十四萬五千五百三十九市畝；湖

—1—

沿十一萬九千八百四十五市畝。

農產以米、麥、絲繭為大宗，菜子、豆、棉次之，每年收穫分春秋二熟，春熟每畝平均產麥七斗，或菜子六斗，秋熟每畝平均產米一石七斗。全縣產米達二百萬石，內以黃埭區土壤肥沃，產量最豐，每年產額可四十萬石，所產早稻名蘆花白，售價最貴。縣境河湖紛岐，盛產魚、蝦、菱、藕。洞庭西山產煤，穹窿山箬帽峯下亦現礦苗。木瀆多石灰窰，其原料均取給於西山。金山等處盛產花崗石，可供舖路磨石之用。水果以洞庭東山之枇杷、西山之楊梅最佳，光福山所產亦夥。此外織綢業頗發達，所織綢緞以色澤鮮明著稱。滸墅關製種場所製蠶種及婦女所織草蓆均運銷全國。

四、城區與鄉鎮

蘇州城區水臨運河婁江之會，陸有鐵道公路之設，交通發達，商業繁盛，城廂內外人口密集，達五十萬左右，佔全縣人口百分之四五。城周三十五里，直徑八里。城垣建築堅固，高約二丈，環城圍以護城河，並設盤、金、閶、齊、胥、葑、平、婁八門〔相門已閉塞未入列〕內婁、齊、閶，盤、葑五門闢有水城門，利於守禦，張士誠、李秀成輩均曾雄踞蘇城，稱王一時），平時各門均有警察分駐所或派出所駐守。城廂內外，為縣府就主要馬路劃分十三鄉鎮，原屬城區區署管轄，該署近已裁撤，各鎮直隸縣府。城區以金、閶為水陸交通區，滄浪亭為文教區，道前街為機關區，公園路為住宅區，北局為娛樂區，觀前大街迄東西中市為商業薈萃之地，內觀前為金融區，東西中市為布莊區，山塘街為地貨行區，婁門為糧食行區，臬市街為麵粉廠區，王天井巷為木器店區，工廠商肆林立，均以頗繁。楓橋沿城郊一帶為軍事區。

縣境遼闊，重要市鎮計有滸墅關、木瀆、望亭、黃埭、甪直、光福、唯亭、車坊、周莊、陳墓、善人橋、湘城、西善、東橋、陸墓、南北橋、斜塘、東山、西山、尹山等二十餘鎮，內以滸墅關最大，稱首鎮。

該鎮東距蘇州二五華里，地處衝要，京滬鐵路經其北，設有滸墅車站，復有運河流貫東西，航

— 2 —

輪暢通。蘇州電氣廠在此設有分廠。

僞府在該鎮設有巡署、警察分局；田糧管理、稅捐稽征、地籍整理三處，均設有分處或辦事處。僞自衛大隊約有一中隊，二個步兵排兵力，隊長由鎮長兼。

該鎮以製種、織席、繅絲、造紙等工業著稱。

一、蠶種改良製造場：有大有、詩關、天成、永新、壬戌館、保康、三元、天遠、天豐等約九家，內以大有、壬戌館、詩關三場規模較大，所製老虎牌、西瓜牌、壬戌館牌蠶種信譽最著。

大有附設有蠶業研究社及雜誌出版社。

二、織席手工業：附近農民，利用農隙，編織手工用品，該鎮收購運銷之席莊，約計四五十家。

三、大華造紙廠：設在北津橋北岸。所用職工共約五十人，每日可出二公厘厚賽馬牌用作製作各種紙盒材料之黃色硬紙五十餘件（每件約六十公分見方五百張），共原料全爲稻草稻殼。動力發動，煤與油兼用。該廠聞爲前國民黨秘書長葉楚傖主辦。

四、實驗代繅絲廠：該廠爲私立女子蠶絲學校之實驗廠，廠址在上塘西街。爲燃油蒸汽動力，繅絲輪軸約爲二百餘。抽絲均用女工，共有女職工百二十餘人。該廠在戰後開設，股份內有中國農民銀行三十五年貸款三千餘萬元。

五、政權組織

蘇州歷爲府治，民國廿年後，設有江蘇省第二行政督察專員公署，管轄蘇州、無錫、常熟、武進、江陰、崑山、太倉、吳江等八縣。卅七年五月前一度裁撤。嗣於卅七年十二月恢復，轄區擴大至十八縣。復以江蘇高等法院設立於此，儼爲京滬中段政治重心。

該縣以土地、人口、財賦條件優勝，列爲一等縣。其行政組織自縣政府下分設東山、西山、滸墅、黃埭、陽澄、吳西、松南、松北八個區署，城區區署近經裁撤，所屬東吳、南園、西城、北街、中山、中和、金閶、虎邱、胥江、滄浪、葑溪、婁江十二鎮及裕棠鄉，直屬縣府。區以下共分五十九鄉鎮，五四八保，一二八一九甲，計一二五六一八戶。縣府內分民政、財政、社會、建設

— 3 —

、軍事五科，祕書、軍法、會計三室，以主任祕書爲幕僚長。此外，並設置警察、教育二局，田糧管理、地籍整理、稅捐稽征三處，由縣長兼任前二處處長。

江蘇高等法院，爲全省最高司法機關，兼理司法行政，分在徐州、鎮江、南通、××等地，設置四個分院，下轄各縣地方法院，其不設院縣份，則設縣司法處，由縣長兼理。高院內設民事一庭、民事四庭，軍事法庭一庭，民事、刑事、監獄、總務、文牘五科，書記、會計、人事、統計、四室，並設檢察處，由首席檢察官主管。看守所一所，設有所長。江蘇第一監獄，設有典獄長。

六、財賦

蘇州縣財政歲入，以卅五年度預算爲例，表列如下：

歲入經常門

款	項	目	科目	本年度預算數
一			税課收入	九八三，○○○，○○○
	一		房捐	五八，○○○，○○○
	二		屠宰税	二○○，○○○，○○○
		一	猪屠宰税	一六七，○○○，○○○
		二	羊屠宰税	一三，○○○，○○○
		三	牛屠宰税	二○，○○○，○○○
	三		營業牌照税	三一，○○○，○○○
	四		使用牌照税	三四，○○○，○○○
	五		筵席及娛樂税	二○○，○○○，○○○

六	特產稅	四六〇，〇〇〇，〇〇〇
二	分配縣市國稅及縣級省征田賦三成收入	二一七，一七〇，〇〇〇
一	土地稅	一九一，七〇八，〇〇〇
一	田賦及縣級帶征田賦三成	一九一，七〇八，〇〇〇
二	遺產稅	五二七，〇〇〇
三	營業稅	二，六六〇，〇〇〇
四	印花稅	二，六四三，〇〇〇
五	財產租賃所得稅	四一九，〇〇〇
六	財產出賣所得稅	二一三，〇〇〇
三	工程收益費收入	一，五〇〇，〇〇〇
一	道路工程收益費	一，二〇〇，〇〇〇
二	其他工程收益費	三〇〇，〇〇〇
四	懲罰及賠償收入	二，〇〇〇，〇〇〇
一	罰金及罰鍰	二，〇〇〇，〇〇〇
五	規費收入	二〇，三五〇，〇〇〇
一	行政規費	五〇〇，〇〇〇
二	事業規費	一九，八五〇，〇〇〇
六	財產及權利之孳息收入	六五六，六六五，〇〇〇
一	租金	二四一，三一六，〇〇〇
一	田租	二二四，八四四，〇〇〇
二	地租	一六，四七二，〇〇〇

— 5 —

款	項	目	科目	本年度預算數
	二		利息	一,〇〇〇,〇〇〇
	三		鄉鎮主管公產收入	四一四,三四九,〇〇〇
七			公有事業收入	二,二〇〇,〇〇〇
	一		公有事業收入	一一,二〇〇,〇〇〇
八			補助及協助收入	二,九一二,〇四〇
	一		補助收入	二,九一二,〇四〇
		一	補助田糧科經費	二,九一二,〇四〇
			歲入經常門合計	一,八九四,七九七,〇四〇

稅入臨時門

款	項	目	科目	本年度預算數
一			補助及協助收入	七〇,〇〇〇,〇〇〇
	一		補助收入	七〇,〇〇〇,〇〇〇
		一	國民教育補助費	七〇,〇〇〇,〇〇〇
			歲入臨時門合計	七〇,〇〇〇,〇〇〇

歲入總計：一,九六四,七九七,〇四〇

蘇州全縣田畝數爲一八一二九〇〇五九畝，其賦額以戰前民十九年爲例，計征地丁銀十八萬二千兩零，漕米十五萬石零，征收成色，歷年平均在九成九厘二毫以上。迄至戰後，僞府陰謀發動所謂「戡亂」軍事，自三十五年起應行田賦征實、征借。以三十五年爲例，將應征賦額，增至四十一萬二千餘石，足見其横征暴斂之一般。但民力不堪負担，截至該年底止，實收僅七萬零五八石十，成色祇一成七餘。玆將三十五年僞府征實情形表列如下：

— 6 —

一、田賦征糧底冊釐編情形

糧戶數	田畝數	賦額數	完成日期
六七四六四一戶	一八一一二九〇〇五九畝	一八六六〇〇七八〇元	卅五年六月十五日

二、原賦額及應征實物數與積穀簡表（三九年）

原賦額	應征實物數	積穀一成數	備註
一八六六〇〇七	三六五七三七市石	三六五七三市石	

三、田賦征收數及預征糙米實收表（三五年）

項目	應征總額（積谷在內）	截至年底共收數	預征糙米	實收數
數量稻	四一二三一〇八四二市石	七〇五八八四四二七市石	二〇〇〇〇市石	一三四二八市石

七、文教

蘇州教育發達，城區學校林立，去年河南大學、焦作工學院先後遷蘇。（一）大學原有：私立東吳大學，國立社會教育學院計有四校。（二）專科學校計有省立工業專科學校，省立蠶絲專科學校，國防部測量學校，及私立美術專科學校四校。（三）師範計有省立蘇州師範，省立蘇州女子師範，縣、鄉村師範及私立景海女子師範四校。（四）職業學校計有省立工業、農業、蠶絲職業學校，縣立蠶絲職業學校，私立安定普通商科職業學校及私立江南高級助產職業學校五校。（五）普通中學計有省中縣中各一，教會設立之桃塢、晏城、有原、振聲、樂群、志儀、萃英、聖光、東吳附中九校及私立蘇氏、龍城、吳光、晉年、光華、供樂、蘇美、純一、何清、樂　、英華、敬善、振華十四校，又抗戰子弟遺族學校（中小學）一校，共二十九校（各鄉鎮所設中學不在內）。至城區暨各鄉鎮國民教育實施統計，據本年一月份教育局發表，全縣計分蘇州　吳西、滸關、黃埭、陽澄

—— 7 ——

、淞北、淞南、東山、西山等九個學區，包含五十九個鄉鎮，五百四十八保，已設中心國民學校七十一所，國民學校三百七十三所，已設民教班內分已辦者一四四〇班，現辦者五六八班，又私立小學七九所。總計縣立共有一一四八學級，私小共有四〇一學級。

社教機關計有省立縣立圖書館各一，私立圖書館四所；縣立民教館、公共體育場、公園各一。

新聞事業，計有蘇報、蘇州日報、蘇州明報、江東日報四家，均日出對開一大張，又小型報民主日報蘇州報一家。此外有通訊社五六所，廣播電台二處。

八、名勝古蹟

留園在閶門外留園路，舊為劉姓別業，人稱劉園，後歸前清官僚盛宣懷，改名留園，（現由其後裔盛杏蓀執管）花木樓臺，布置閒雅，為姑蘇名園。

西園在留園右近，有放生池、亦稱西園寺，寺內有僧數十人。

獅子林在臨頓路獅林巷，元天如禪師及明倪雲林先後居此。內有假山，泉池，亭榭之勝。

拙政園在東北街，本係明御史王獻臣別墅，太平天國忠王李秀成嘗作官邸，中有連理寶珠山茶，花時爛紅奪目。

滄浪亭在盤門內，舊為吳越廣陵王池館，宋蘇舜卿居此，傍水築亭曰滄浪，舊有濯纓亭、飛虹橋、翠玲瓏、瑜華境界諸勝。

虎邱山距城七里，一名海湧峯，吳王闔閭葬此，上有劍池、千人石、憨口泉、可中亭、生公說法臺、鶯鶯塚、眞娘墓、冷香閣、擁翠山莊諸勝。

寒山寺在城西楓橋，為寒山子與拾得隱居之所，唐張繼楓橋夜泊詩有「姑蘇城外寒山寺，夜半鐘聲到客船」之句。

報恩寺在城北隅，俗稱北寺，有北寺塔，登臨可覽全城。

玄妙觀在城中，建於唐時，名開元宮，元改今名。

寳帶橋在葑門外東南六里，跨澹臺湖之口，漢武時建，唐重修，刺史王仲舒鬻帶助工費，因名寳帶橋。共有五十三橋洞，長一千二百尺，遠望如長蛇蜿蜒。

姑蘇臺在姑蘇山上　吳王闔閭所建，僅賸廢址。

天平山在城西十八里，峯巒洞泉，頗瑰奇，尤以卓筆峯、蓮花洞、白雲洞爲勝，山半鉢盂寺，中有白雲泉，稱吳中第一泉。山麓有宋范仲淹墓。

靈岩山在木瀆，奇石錯列，頂有琴臺，登臨可瞰太湖及洞庭兩峯。山上有靈岩寺。

鄧尉山距城六十里，相傳漢鄧尉隱此，故名。山上梅樹成林，花開時紅綠白三色齊備，香聞數里。

胥山與香山對峙，中隔一河曰胥口水，卽胥塘之下游。因有伍子胥廟，故山水均以胥名。

洞庭山屼峙湖中，饒花果林石之勝，風景如天然圖畫，號稱洞天福地。

— 9 —

第二部份 政治

一 政權機構

甲 行政機關

(一)江蘇省第二區行政督察專員公署

地址：城內臨頓路榮社內（舊設平江路混堂弄三七號）

專員：韓澔，黃埔第一期畢業，歷任福建省政府委員、遼甯省民政廳長。

前任許寶光，籍吳縣。

管轄範圍：初爲蘇州、無錫、武進、常熟、江陰、崑山、吳江、宜興八縣，卅七年十二月起重新規定，除上列七縣外，（宜興不在內）太倉、嘉定、奉賢、寶山、松江、金山、青浦、南匯、川沙、上海、崇明十一縣均在管轄之列，計共十八縣。

沿革：該公署於戰前二十五年設立，初在無錫，由臧啓芳、施奎齡先後任專員兼區保安司令，嗣遷武進，由武進縣長蔡培兼任專員。抗戰後期由許寶光繼任，日降後初在武進辦公，後又遷駐蘇州，設署於平江路混堂弄。三十七年五月前，又將該署裁撤。丁治磐任蘇省主席，認有恢復必要，於三十七年十二月復任命韓澔爲專員，並將轄區擴大爲上列十八縣。

(二)吳縣縣政府

地址：城內府前街（電話1004——1003——1005）

縣長：朱維漢兼。其本職爲蘇、崑、吳三縣聯防指揮官，並兼城防指揮部副指揮官。

前任縣長為王介佛，安徽人。

編制：一等縣，設五科四室。

秘書室：主任祕書。

民政科：科長潘道南，住花街巷二四號

財政科：科長

社會科：科長厲介夫

建設科：科長

軍事科：科長張永佛，兼縣民衆自衛隊副總隊長。原籍河南，現住衛前街七號，黃埔第七期畢業。

合作指導室：主任姚錦芬

軍法室：軍法承審員

會計室：主任

縣府內附設機關：

財務整理委員會：財政科長兼主任委員

積穀保管委員會：主任委員由委員王叔介代理

民食調劑委員會

地方行政幹部訓練所：所長縣長兼，教育長舊為周振鵬。

與縣公有款產管理委員會：全縣計有公田九百餘畝，學產田地六萬餘畝；另有慈善田產四萬五千餘畝，向由地方經管。經清理就緒之公學產土地截至三十五年底止，為一萬五千五百三十二畝二分〇三毫。

吳縣糧食市場管理委員會

地址：小曹家巷二〇號

附註：糧食市場設在大成坊巷八三號

— 11 —

（三）吳縣警察局

地址：長春巷東口（電話七，一八，一九，八一七號）

局長：吳祚欧，字福德，籍貫無錫，年四十二歲，曾任江蘇省警察訓練所教育長、江蘇省保安司令，處任視導等職。（前任趙維峻 安徽靈璧人）

內部編制人事：

總務科科：長徐步瀛

行政科科：長俞鳳高

司法科科：長王千里

督察處：督察員 張溫嚴 何楚材

局員：吳永孚、許士奕、牛必智、任××

車巡隊：隊長呂樞璉，隊員六〇名左右。

刑警隊，隊長 蘇更生（隊址設中正路六四四號，一作橋司空巷，武器配備以短槍爲主）

水巡隊，隊長 溫廣平（隊址設胥門外接官廳一三七號）

消防隊，隊長 姚忠實（隊址設薛家園）

警員：共八〇〇餘名。

槍枝：在五〇〇枝以上。

附屬机關：

A、東區分局：

地址：東北街一三七號（電話一〇五號）

局長：吳越峯

警員：四〇餘名

步槍：二〇餘枝

下設：齊坊濱分駐所（電話三七一號）巡官鄒孟雄

臨頓路分駐所（電話一〇三號）巡官葉鵬
下塘灣分駐所（電話一〇四號）巡官王承平

B、南區分局

地址：十梓街（電話一一三號）
局長：李康泰
警員：四〇餘名
步槍：二〇餘枝
下設：盛家帶分駐所（電話一一六號）巡官夏期鳴
陳公鄉堂分駐所（電話二一五號）巡官馬鑫昌
葑門分駐所（電話一一一五號）巡官鄭雲麟
吳門橋分駐所（電話一一一一號）巡官丁永寬

C、西區分局

地址：閶門外大馬路（電話二四號）
局長：郭殺泰
警員：四〇餘名
步槍：二〇餘枝
下設：泰讓橋分駐所（電話一二〇號）巡官鍾兆璇
橫馬路分駐所（電話二六號）巡官劉漢用
丁家巷分駐所（電話四一三號）巡官貊劍青
山塘街分駐所　巡官路學熹

D、北區分局

地址：皮市街（電話二一一號）
局長：劉　鏻

—18—

警員：四〇餘名
步槍：二〇餘枝
下設：桃花塢分駐所（電話四一六號）巡官朱耀斌
　　　寶林寺分駐所（電話一〇一號）巡官滕鑒燊
　　　景德路分駐所（電話三七五號）巡官趙友三

E、中區分局
地址：大石頭巷二號（電話三五二號）
局長：任奎洲
警員：四〇餘名
步槍：二〇餘枝
下設：玄妙觀分駐所（電話四一一號）巡官章仲熙
　　　府前街分駐所　巡官陳則平

F、湘城分局
地址：湘城鎮
局長：歐陽后成

G、木瀆分局
地址：木瀆鎮
局長：楊用霖

H、滸關分局
地址：滸墅關鎮
局長：徐森林

I、甪直分局
地址：甪直鎮

—14—

局長：江［illegible］

i、黃埭直屬分駐所

地址：黃埭鎮

巡官：王岐山

K、東山直屬分駐所

地址：東山鎮

巡官 鄭澤輝

L、西山直屬分駐所

地址：西山鎮

巡官：楊興武

（四）吳縣教育局

地址：公園路一〇號（電話一六六二）

局長：王志瑞 字芝九，年四七歲，籍吳縣，住西迎花巷。三十六年五月到職。

督學：馮志亮

（五）吳縣田賦糧食管理處

地址：城內倉米巷

處長：縣長朱維淡兼

副處長：［illegible］ 作姓周，字勗堯，年四二歲，安徽桐城人。三十六年十二月到職。

該處編制人事不詳，其附屬機關及其首長如下：

城區辦事處主任 陳榮森

木瀆分辦事處主任 張爲之

湘城分辦事處主任 譚懷瑾

滸關分辦事處主任 黃秉華

— 15 —

橫涇分辦事處主任馬氏龍
角直分辦事處主任周以莊
唯亭分辦事處主任徐慶祉
黃埭分辦事處主任徐塗清
西山分辦事處主任朱　岡
第一集中倉庫主任王宗泰、該倉庫係吳縣聚點倉庫（地址平江路華陽橋下塘一號，主任原僞姚傳鐸）改稱。

（六）吳縣地籍整理辦事處
地址：膺家巷四九號（電話一四八三號）
處長：縣長朱維漢兼
副處長：章子森，字乃新，籍貫浙江富陽，年二九歲，三五年八月到職
內設四科及秘書、會計二室，其人事不詳。

（七）吳縣稅捐稽徵處
地址：城內倉米巷三六號（電話七二一號）。
處長：何汝錫，三八年　月到任。（舊爲傅伯儒，吳縣人，三十七年四月到職）
內設四課及秘書、會計二室，人事不詳
下設稽徵分處八處：
東山分處主任　談文衡
滸關分處主任張竹軒
陽澄分處主任黃幹臣
虎邱分處主任張維錤
淞崗分處主任俞子璺
溦北分處主任龔紹光

黃埭分處主任　秦駿

吳西分處主任　韓志民

（八）吳縣吳西區署

地址：木瀆或光福鎮

區長：朱[illegible]易

所屬鄉鎮十一，其鄉鎮長名單如下：

木瀆鎮長方秉鋆

石湖鎮長唐士良

金山鎮長丁鳳岐

善橋鎮長謝東山

横塘鎮長顧翼峯（一作邵人夾）

光福鎮長楊德清

西華鎮長劉霖

東渚鎮長歐陽簡

楓橋鎮長薛鴻祿

香山鄉長徐翔如（一作王福臻）

胥口鄉長張兆麟（一作潘作奎）

（九）吳縣滸墅關區署

地址：滸墅關

區長：不詳

所屬鄉鎮六，其鄉鎮長名單如下：

滸關鎮長不詳

望亭鎮長管新馥

—17—

蓼西鎮長不詳

東橋鎮長金本初

高景鎮長陳國祥

建民鄉長不詳

（十）吳縣黃埭區署

地址　黃埭鎮

區長　黃　熙

所屬鄉鎮七，其鄉鎮長名單如下：

黃埭鎮長錢　滕

肆萬鎮長陳　嵐

蠡胡鄉長胡金陶

渭塘鄉長唐光彬

冶長鄉長王海山

北橋鄉長尤耀晶

永涇鄉長顧振民

（十一）吳縣淞南區署

地址

區長

所屬鄉鎮三，其鄉鎮長名單如下：

甪里鄉長沈秉楻

贊僧鄉長戴樹滋

陳墓鄉長陸鑫

（十二）吳縣淞北區署

—18—

地址　車坊鎮

區長

所屬鄉鎮五，其鄉鎮長名單如下：

車坊鎮長朱子敬

郭巷鎮長張國榮

斜塘鎮長俞宗夔

尹山鄉長周永軒

淞北鄉長周伯英

（十三）吳縣陽澄區署

地址　湘城鎮

區長　胡雖漢

所屬鄉鎮四，其鄉鎮長名單如下：

湘城鎮長時寶明

太平鄉長石介生

唯亭鄉長朱鎔熙

跨塘鄉長王鳳生

渭涇鄉長陶　康

吳縣東山區署

地址　東山鎮

區長　周闌榮

所屬鄉鎮六，其鄉鎮長名單如下：

東山鎮長周鏡如

後山鎮長楊泉聲

—19—

莊逕鎮長金德華
浦莊鄉長高　濤
横涇鎮長劉開金
堯峯鄉長余祖貿

（十五）吳縣西山區署

地址：西山鎮

區長：

所屬鄉鎮三，其鄉鎮長名單如下：

練瀆鎮　徐韻夫
大夏鎮　×××
四皓鄉　鄭中蟠

（十六）吳縣城區區署，原設翁司空巷七三號，近經裁撤，所屬十三鄉鎮，統由縣政府直轄。

所址：城內銅橋浜

其鄉鎮長名單如下：

东吳鎮長：朱永發
虎邱鎮長：陳秉洪
胥江鎮長：孫恆榮
金閶鎮長：端木鈁
齊溪鎮長：凌昂霄
婁江鎮長：陸剛（一作陸伯和，公所婁門外）
北街鎮長：嵇更生（副孫文亞，公所獅林寺巷）
中山鎮長：王厚康（公所玄妙觀內）
南園鎮長：馮錦文
西城鎮長：×××

—28—

中和鎭長：浦瑞之
葑溪鎭長：馮經坤
裕棠鄉長：鄧　同

乙　司法機關

（一）江蘇高等法院

地址：城內道前街（電話五五，一三〇一，六六九號）

院長：梁仁傑，原任司法行政部人事處長

民事第一庭：推事兼庭長張學義，字軒渠，年四六歲，籍湖北孝感禮山大新店。

推事倫瑾，字式齋，年五二歲，江蘇籍，宜興竹簣橋。

推事王光琢，字農孫，年四四歲，江蘇泰縣栟杆巷六號。

推事高端，字洪初，年三四歲，籍江蘇如皋人。

刑事第一庭：推事兼庭長張啓鄂，字仰莘，年五七歲，籍江西贛縣城內九曲巷六號。

推事吳秉瑜，字滌塵，年五〇歲，籍浙江黃岩新橋鎭。

推事許綱明，字鏡澄，年三二歲，籍福建長汀。

刑事第二庭：推事兼庭長孔容照，字得天，年四五歲，籍江西，現住南通東門山門巷。

推事沈兆銘，字新吾，年五一歲，籍江蘇鹽城。

推事陳進文，字代鳴，年四〇歲，籍廣東興甯。

刑事第三庭：推事兼庭長沈國楨，字品璋，年六五歲，籍浙江義烏南平鎭。

推事蔡爾昌，字邦瑞，年四七歲，籍浙江蘭溪。

推事傅朝陽，字敬嘉，年三六歲，籍浙江義烏。

刑事第四庭：推事兼庭長汪德成，字致平石年五一歲，籍明文蒲圻。

推事俞志民，年五七歲，籍江蘇丹陽。

推事胡文衲，年五三歲，籍上海市。

調軍事法庭：推事兼庭長石美瑜，字可珍，年四二歲，籍福建林森，通訊處，福州東街路一〇三號。

書記室：書記官長王彭鈞，字伯衡，年六二歲，籍江蘇淮安。

主科書記官季承範，字塵梵，年五五歲、籍江蘇江陰。

書記官呂適安，年三五歲，籍江蘇武進。

文牘科：主科書記官蔣久厚，字味純，年五〇歲，籍泰縣，現住蘇州嚴衙前九一號。

書記官樊家淦，年五三歲，籍江蘇贛榆。

書記官葉慶堯、年四一歲，籍蘇鎮木瀆。

書記官黄勛，年六一歲，籍江西九江。

書記官范守義，年五七歲，籍安徽壞甯。

收發股書記官：史墨卿，年四九歲，籍山東柳城，現住蘇州東善長巷一七號。凌見堯年四二歲、籍泰縣姜堰。

趙宗海年五〇歲，籍無錫洛社。

檔案股書記官：朱厚右，籍吳縣，住上海林森中路鼎吉里六號。

莫先榮年五三歲，籍湖北，住蘇州南採蓮巷九號。

徐忠心年三八歲，籍浙江永康。

民事科：主科書記官王憶，字昌樑，年三七歲，籍吳縣，住醋庫巷蒼龍七號

書記官殷靜蘊（女）年二九歲，籍江都，住蘇州西善長巷五號。

書記官李炳源，年四一歲，住蘇州司前街打線弄一號。
書記官彭貽穀，籍湖南甯鄉。
書記官李同鑣，年三九歲，籍山西萬泉。
書記官嚴斯詩，年四一歲，住蘇州東北街一四六號。
書記官鄒澤鈞，年三四歲，籍興化。

刑事科：主科書記官王國僕，年六〇歲，籍河北苑平。
書記官陸賓元，年三九歲，籍宜興。
書記官王樹森，年五〇歲，籍高郵。
書記官王灝，年三五歲，籍紹興。
書記官周毓仁，年三八歲，籍浙江鎮海。
書記官陳驊，年三六歲，籍江陰
書記官伏俊堂，年三五歲，籍阜甯
書記官朱鳴球，年三八歲，住蘇州紫蘭巷二四號
書記官周佑之，年三八歲，籍江都。
路行毅，年二七歲，籍武進。
程寅生，年二五歲，籍泰縣。
諸葛詩，年二九歲，籍東台。
劉世雄，年二三歲，籍遂甯。
何居均，年三七歲，籍浙江義烏。

監獄科：主科書記官嚴振東，年四六歲，籍安徽宿松。
技士戈攙，年三五歲，籍泰縣。
書記官毛毓豫，年五〇歲，籍江西，住蘇州道前街。
丁葆成，年四三歲，籍南通。

—23—

陸寅生，年三七歲，住蘇州獅逛巷五八號。
黃承桃，年二九歲，籍江西九江。
總務科：主科書記官張鷹安，年三九歲，籍淮陰。
書記官汪樹功，年三二歲，籍桐城。
程榮生，年三九歲，籍蘇州白善橋牛車巷十四號。
程省三，年四二歲，籍淮陰。
出納股書記官汪信鋭，年三七歲，籍鎮江梳兒巷。
庶務股書記官劉長吉，年四二歲，籍山東東平。
方培仁，年三五歲，籍安徽定遠。
人事室：主任司馬輝，年三二歲，籍無錫西倉鎮。
科員鄒振萬，年五一歲，籍如皋。
許心恬，年三四歲，籍南京。
李炳南，年三〇歲，籍江西婺源。
會計室：主任錢曉雲，年三七歲，籍無錫石埭橋。
書記官沈善鑑，年四〇歲，籍吳縣。
高松卷，年三一，籍泰興。
郜鍾延，年三一歲，籍寶應。
梁樹龢，年四二歲，籍廣東南海。
嚴振揚，年五〇歲，籍浙江吳縣。
梁振海，年三一歲，籍山東單縣
唐祥生，年四四歲，籍吳縣橫涇鎮。
汪達三，年三九歲，籍安徽績溪。
陸達，年四一歲，籍湖南常德

—24—

吳智娟，年三一歲，籍宜興和橋。

統計室：主任王醒齋，年三九歲，籍南京狀元境十號。

書記官史璇芳（女），年二八歲，籍宜興。

郭慧英（女），年四二歲，籍廣東。

高曼蘋，年三八歲，籍淮安。

（二）江蘇高等法院檢察處

地址：城內道前街（電話九〇五號）

首席檢察官：周祖琛，原任司法行政部人事處長。

前任王秉彝，於本年一月交卸。

前任韓燾，字冶初，年六二歲，籍泰縣海安。

檢察官：朱炳榮，年七一歲，籍浙江海甯，住蘇州曹胡徐巷八號。

李曙東，年四二歲，籍宜興。

李友仁，年四七歲　籍泰縣。

蔣邦傑，年四二歲，籍浙江建德。

高　濬，年六八歲，籍淮安。

談　浩，年六一歲，籍宜興和橋。

宋文蔚，年五五歲，籍泰縣。

汪家幹，年五五歲，籍東台。

主任書記官：紀毓淵，年二六歲，籍泰縣東門尤家巷。

書記官：陳元慶，年四四歲，籍泰縣。

陳熙箴　（女）年三　歲，籍泰縣。

吳鴻來，年五二歲，籍廣東，住蘇州十梓街九號。

韓近威，年三二歲，籍泰縣。

—25—

王肇亞，年四〇歲，籍衡陽。
蔡雋蒼，年四二歲，籍江都。
韓寶純，年四八歲，籍泰縣，住蘇州十梓街四二號。
趙易秋，（女）年三八歲，籍吳縣馬醫科巷。
左宗武，年五〇歲，籍鹽城。
陳瑤（女）年三九歲，籍浙江臨海，住蘇州嚴家巷五四號。
周紹農，年四三歲，籍高郵。
顧吉撝，年四九歲，籍興化。
高松南，年三六歲，籍泰興宣鎮。
韓增炎，（女）年二九歲，籍泰縣海安。
徐崴，年二八歲，籍金壇。
人事管理員：王學豪，年四四歲，籍湖南湘鄉，住蘇州朱家園二一四號。

（三）江蘇高等法院看守所：
地址：司前街三八號（電話二一九號）
所長：代文桂，字友剛，年五三歲，籍江陰周莊。
所官：張顯文，字在中，年四五歲，籍山東濰縣。
張立海，年四二歲，籍山東聊城。
張宗堯，年五〇歲，籍蘇州鈕家巷泉大園 號。
看守長：王炘，年四三歲，籍四川璧山。
孔祥餘，年五六歲，籍江都。
郜堉之，年[illegible]九歲，籍溧水。
醫師：徐鑫生，年五〇歲，籍蘇州鳳凰街水仙巷九號。
孫希亭，年二五歲，籍山東招遠。

會計員：錫喬初，年三七歲，〇紹興，住蘇州閶門外探橋北八號。

（四）江蘇第一監獄

地址：相門獅子口（電話一五七三）

典獄長：陳松年，字培基，年五十七歲，籍南京市，住蘇州鯛豐巷六六號

主科看守長：梁仁德，年三三歲，籍四川涪陵。

韓鏡文，年五九歲，籍杭縣。

王益謙，年五二歲，籍興化。

看守長：吳士賓，年四二歲，籍金壇朱林鎮。

汪屏周，年四四歲，籍興化。

樂瑞庭，年四三歲，籍山東聊城。

教誨師：蔣鍈，年三九歲，籍泰縣。

軍訓教導員：張邦濱年三三歲，籍浙江浦江。

醫師：吳寶穀，年四四歲，籍吳縣崇眞宮橋下塘寶穀醫院。

藥劑師：沈辛南（女）年二九歲，籍江陰。

會計員：王嘉始，年三九歲，籍崐山，住蘇州南里橋西街三〇號

統計員：謝詠才（女）年二六歲，籍桂林，住蘇州醋庫巷二八號半。

（五）吳縣地方法院

地址：桃花塢（電話一四〇，一一四七，三四四）

院長：汪珏，字子寬，年五五歲，籍鎮江，住統兒巷一〇號

推事：王秀簡（女）年四〇歲，籍浙江鄞縣。

朱文明，年四一歲，籍武進。

朱冠中，年五六歲，籍泰興。

陳嘉炘，年三八歲，籍泰縣。

—27—

張錫永，年四一歲，籍江都。
韓忠謨，年三六歲，籍泰縣，住蘇州錦帆路四四號
邱能年，三四歲，籍江西臨川。
書記官長：俞子良，年三一歲，籍阜甯。
書記官：劉千用，年四九歲，籍阜甯。
楊承康，年二八歲，籍廣西大埔。
章士孫，年三一歲，籍江陰，住蘇州史家巷二四號。
陳硯農，年三六歲，籍興化。
江紹傑，年五六歲籍安徽，住上海馬當路雲霞場五八號。
盛振玉，年五三歲，籍崐山　住蘇州丁香巷二四號
王禹鉡，年四三歲，籍泰縣。
陶漢眞（女）年三一歲，籍武進。
胡蘊楨（女）年二六歲，籍山東日照，住蘇州官庫巷五號。
裘雍，年三二歲，籍歙縣。
書記長：翟弼吾年，二六歲，籍浙江蕭山。
人事管理員：鄭道生，年三二歲，籍河北安國。
會計室會記官：陳滌塵，年四〇歲，籍丹陽。
會計員：沈漢榮，年三一歲，籍嘉興，住蘇州臨頓路桐芳巷二四號
統計室書記官：鄺淑眞（女）年三二歲，籍廣東台山，住蘇州西支家。巷一一號
公證處公證人：蔣鵬，年三八歲，籍泰縣。
看守所：所長李於鋭，年五五歲，籍福州。
所官：徐林軒，年四六歲，籍鎭江，住蘇州喬司空巷七四號。
會計員：劉駿生，年四二歲，籍泰縣。

（六）吳縣地方法院檢察處

地址：桃花塢（電話二三一二，六七一）

首席檢察官：闕越，字逸璽，年六二歲，籍泰縣。

檢察官：蕭淯，年四　歲，籍泰縣。

繆時彬，年三七歲，籍泰縣海安。

潘立之，年四二歲，籍安徽廬江。

唐賓賢，年五五歲，籍松江。

主任書記官：鄒家賓，年五六歲，籍興化。

書記官：尤懷祖，年四五歲籍泰縣。

關冀青（女）年二六歲，籍泰縣。

張錫鐸，年三四歲，籍江都。

吳彥豫，年三五歲，住蘇州五州路同益里特八號。

唐敦佩（女）年二七歲，籍上海市。

檢驗員：王椿榮，年四〇歲，住蘇州石塘橋弄四〇號。

人事管理員：陳蕙秀（女）年三八歲，籍蘇州梵門橋弄四七號。

丙　咨詢機關

（一）吳縣參議會

地址：觀前街中正路口

議長：沈宗翚

前任嚴欣淇，於卅七年秋當選爲立法委員，後改選議長副議長。

副議長：汪文燦

— 29 —

秘　書：蔣仲川　前任薄鑄，係律師。

參議員：淩昌霖、陳銘卿、董金章、沈高慶、嚴欣淇（立法委員）薄鑄（律師）張壽鵬（住閭邱坊巷美綸綢廠內）

范君博　住顏家巷）

錢　鼎（國大代表）

許懋民（住閶門外南丁家巷（二五號，國大代表）

沈穎東（糧食公會代表）

汪文煥（工會代表，住祥符寺巷）

朱宏璐（醫藥業代表）

劉賡華（住閶門外南丁家巷）

顧白羽（郵局任職）

曹智簡（國民黨員，住閶村坊巷）

孔失忠（婦女會代表）

宋續成（與電廠有關）

宋銘勳（律師，十梓街鄔帆路口）

王叔介（第二任縣黨部書記長）

范公任（第一任縣黨部書記長）

朱錫鈞（農會代表）

蘇嘏儒（蘇綸紗廠）

陳天佐（醋庫巷南林村，前電訊局長）

戎法霖（皮革業公會代表，戎鑫昌皮件廠老闆）

蔣友龍（住中正路）

單東牛（史家巷前第 征議長）
彭佑孫（ノ名勳浦，教育會代表，小學校長）
朱家瑜（教育會，伯榮中學校長）
顧浩然（蘇州明報主筆）
張叔良（蘇州明報社長，作調盟老）
沙仲虎（蘇州江東日報主筆）
蔣仲川（雙塔寺巷松鶴里）
沈百川：

丁　駐蘇機關

（一）財政部吳縣國稅稽征局，該局係於去年下半年就原有吳縣直接稅局、貨物稅局併設。地址為直接稅局原址，顏家巷六四號。

前貨物稅局，設在養育巷一〇六　，局長為丁徽之。管轄蘇、崑、吳三縣貨物稽征業務。茲將該局卅六年一月份資材料照錄如下：

一、廠產品稽征情形

一、捲菸廠：捲烟機七部，全年產額　七　箱又四〇　〇〇枝，全年稅收二七六二八〇〇〇元（查驗補正數未列入）

二、紗廠：紗錠總數一九六一二枝，全年產額一三九八五擔又三九・五〇公斤，產布二〇六，〇七五疋

三、火柴廠　排板機三十　部，全年產量一八　三三箱四盒，全年稅收六五五八四八四〇〇元。

四、礦產廠：煤炭全年產額一一一八四五〇公噸，全年稅收二三四一四七〇〇元（查驗補徵數

未列入內）。

五、麥粉廠：本年三個月產量二一二六九四袋，磨四十部，稅徵七〇六五七三一〇元。

六、皮毛廠：水烤一四七張，折合二九四市斤，黃烤五六一張，折合一一二二市斤，烟火一八張，折合三六〇市斤，牛皮前子二〇〇張，折合一二〇〇〇方尺，羊皮三四一七張，折合三四一七〇方尺，驢皮四五張，折合一八〇〇方尺。

七、錫箔廠：本年三個月產量壯車箔一〇一九七塊，折合五六·〇八三斤，普車箔四二二塊，折合二四九七斤的車箔二六九八塊，折合一九五六一斤，邊王一九八塊，折合一六〇五斤。稅收總計一五〇八八六八一〇元

八、茶類：紅茶七〇〇市斤，綠茶一四九五市斤又九〇六四市斤。花茶二四七五六九市斤，毛茶三二一一四市斤，茶末二〇二四八市斤，茶梗七九四二市斤，稅收總計五〇一〇八七九七元。

二、產製品稽徵情形

一、土菸葉：本局暨所屬各辦公處，境轄內並無土菸葉產量，均係外省輸入，以供刨製菸絲之用，全年稅收甚微，大多以外來之菸葉超出斤量或係三十四年度之存貨出運補徵，計七萬餘斤，全年稅款總計九八二九〇 四〇九〇元（內存退稅二七一四四〇〇元未曾扣除）。

二、土菸絲：轄區內經營菸絲商本局一六家內一家已閉歇，專營刨菸絲平均七戶，平均月產一萬餘斤。吳江與崐山兩辦公處刨戶六四家，全年合計約六萬餘斤，總計全年菸絲貨徵一九六四五斤，稅款一六四九九八二三二元。惟近以捲烟盛行，菸絲稅收隨之遞減。茲將各縣刨刀列表於後：

縣別	刨戶家屬	刨刀數
吳縣	七戶	一七把
吳江	二戶	四把

三、土酒：本局稅收以酒類稅為大宗，適本局於三十四年底成立，各酒坊所製酒類已全部完成，絡續出賣或存儲各處，已無法估計產量多寡。茲將本局調查三十五年度各酒坊存貨若干，與本年市度釀銷若干併合估計，共全年產量仿紹酒約一五二六〇〇〇〇斤，土黃酒約一八四四五〇〇〇斤

，土燒六四七、四六六斤，高粱二〇一四〇斤，甜水酒一〇五五〇斤，全年稅收總計為二九一一四七八〇六五元　關於船具須據照登記表，約計本局一五三〇〇隻，吳江七二五〇隻，崐山三二六〇隻，西源四五四〇隻，渡村六九〇隻，勝墓七七〇隻。

三、業務推進情形

一、菸酒商登記：本局辦理菸酒類商申請登記業經分批彙轉在案，截至三十五年度已經辦理登記者菸商登記計二〇戶，本局佔一六戶（划菸絲七戶）吳江、崐山兩辦公處佔四戶。酒類製造商登記計四〇〇餘戶，販賣商時因原料多寡，資本厚薄營業狀況而先後申報停歇者亦屬不少，尤以土燒為多。

二、各廠登記

A、捲菸廠：核准登記者，有福民、時和、金都三廠，正在辦理登記者有正豐菸廠。

B、火柴廠：計有鴻生、民生、山南、明明四廠。

C、棉紗廠：計有蘇綸、永明、源康、大業四廠。

D、麥粉廠：已申請登記者計有太和、新豐、元和、大有、集豐、五豐六廠，未申請登記者計有蘇州、鑫豐、裕新三廠。

（二）江蘇省公有地產管理局蘇州分局　地址：中正路一一八八號。

（三）江蘇省公路局吳縣管理站　地址：太馬路愛河橋南。

（四）江蘇省建設所吳縣蠶桑改良區　地址：齊門路一三九號。

（五）江蘇省建設廳桑蟲驅除總隊　地址：滄浪亭二號。

（六）江蘇省稻作建設所吳縣農業推廣區　前稱稻作試驗場，地址：閶門外丹陽碼頭四八號

（七）長江水利工程局，太湖流域工程處　地址：溫家岸一〇號

— 33 —

二　黨派特情

甲 黨派

（一）吳縣縣黨部
地址：觀前街玄妙觀中山堂二樓（電話一六八七）
書記長：王叔介，籍吳縣，住體育場路潔里四號，年四十九歲，近視，常戴眼鏡。背微依鄉
前專員許寶光，兼青年俱樂部主任。
常務委員：祁白羽，年四十餘，縣參議員，兼在郵局任職。
盛智醒，縣參議員，住閶邱坊巷。
袁玉城（原名張爲平，醫師張千里之子），前三青團書記長，住護龍街雙林巷。
委員：許燕氏，（女）國大代表，婦女會理事長，住閶門外南丁家巷。
陸天佐，前吳縣電訊局長。
秘書：薛壽鵬，年三十七八歲，係王叔介親信，籍吳縣。
幹事：李長吉，住古市巷七一號，兼爲北街鎮第七保保長。
黨員數量：全縣約五百餘人，內以教育界爲多數，由團轉黨者約四十餘人。
外圍機構：吳縣青年俱樂部，常主催集團結婚。

（二）中央黨部辦事處
地址：張家巷二四號
負責人：不詳
附設建國書店，店址景德路二七四號。

（三）吳縣三青團
團部原設公園路元和里三一號，書記長爲袁玉城，自三七年團部併入黨部後，該團已失去其獨立性，惟該團二反動派系，互相傾軋，內部仍保持其原有系統。玆將該團幹事名單錄下：
金水健，（眞名殷鼠厚）住烏鵲橋市場弄一號或九號。

仲白碧，（女）袁玉岐之妻。

章　銳

殷祖心

（四）青年黨

黨員數字：約二〇〇餘人，大部爲司法界及封建士紳。

（五）民社黨吳縣黨部

地址：新市場

黨員數字：約一，〇〇〇餘人，成份不詳。

負責人：黃　震

乙　特情

（一）吳縣保密組織（即軍統）

地址：富仁坊巷

負責人：陶玉清，常熟南門人，敵僞時歷任崑山、常熟特工站，崑山縣長等職。

周天放，正誼人，與國防部有密切關係。

幹部：朱鴻慶，縣立中山中心小學校長，住倉街泥堂弄。

衞光清，任崑太青太湖地區工作，住滾綉坊四一號。

外圍組織：俠社社。地址大井巷營業公會內。人數約二〇〇人，內以流氓成份爲主。

前鋒社：負責人，毛鶴年。

（二）吳縣黨統組織（即中統）

地址：西胡徐巷（一作中張家巷）

主任：黃秉寅、陳馨文、徐××（長德路徐全泰銀盾號主人）。

會議：設在顏家巷四七號半。負責人姓唐，副姓龐，均住鐵瓶巷。

此外公開設置者有縣政府調統室，由專員謝經綸主持，謝原任省黨統室會計。

外圍組織：建設通訊社，設皮市街二五號，內情另詳。

（三）憲兵司令部吳縣特高組

地址：前廟巷，電話一七一七）

負責人：杭浩（住址不明）

組員：共五人，內杭閶住臨頓路辦小吳報。孫迪剛（化名吳肇峯）住古市巷七一號）

（四）首都衛戍司令部諜報第三組（即太湖一作站）

辦事處：曹胡徐巷六五號

主任：王野樹（一作組長何成周）

副主任：吳寄萍

少校參謀：戴繁誠，（江西人）住曹胡徐巷七七號、主辦衛蘇通訊社。

偵行幹事：蔡浩公

組訓幹事：宋仁熾

情報幹事：李蔚林

××幹事：蔡二樂，公開名義爲該司令部京滬分部清剿指揮大隊副，在太湖沿邊光福等地區配合清剿。

第三部份　軍　事

一、駐蘇機關

（一）青年軍二〇二師司令部

地址：平門外四擺渡閶門外張家花園

師長：王大中，副師長彭戰存

軍火庫：設在北寺塔內。

（二）聯勤總司令部駐蘇機關

名　稱	地　址	負責人	備　註
江蘇省營產管理所	閶門外二四圖附近	（所長）申丙	一、申丙住農校下津橋堍 二、內部面積很大，屯積物資很多 三、有衛兵五六十名
聯勤供給處	金門內，景德路黃鸝方橋		一、負責糧秣收發。二、內附設被服廠。
集中倉庫	火車站畔		
鞋子工場	在閶門外		
通訊器材倉庫	橫塘鎮		據說業已他遷
海軍倉庫	在平門內		

（三）交通警察總局

地址：五卅路八八號

局長：馬志超

倉庫．鐵路河頭一二號

（四）蘇州城防指揮部

地址：城內宋仙洲巷

曹家巷四七號（電話六一，一七七五）

指揮官：孫金銘，籍山東廣饒，年四十歲，歷仕青年軍二〇二師副旅長，三十七年九月改編

後，遞升該師少將副師長。（師長爲王大鈞）

副指揮官：龍　焯

朱維漢兼（本職爲蘇、崐、吳三縣聯防指揮官）

參謀主任：余夢華

重要官佐：周家齊，丁玉弘，邵　夔，毛濟美，羅四維，馮信威，朱忠培，郭定遠，張鈞中

，奚仲良（情報室主任）葉政（副官）

附設機關：車船管理所，設在南新路四四號。

諜報訓練：侍應人員訓練班，由龍焯兼班主任。

茲將該班內情附錄如下：

A、性質：

鞏固廣大基層情報組織，儘量利用一切公共場所的工作人員爲耳目，廣泛推進間諜勤務。

B、組織：

（一）設班主任一，副主任二，下設九組，每組十一人，以同業編爲一組，但嚮導、女招待、

妓女合編一組。

（二）人事方面：

主　任：龍　焯

副主任：王宗亮（前吳縣警察局長）

副主任：陳志前

C、訓練對象及辦法：

（一）各茶館，飯菜館，旅館，戲院，浴堂，女招待，嚮導員，妓院之侍應人員。

（二）每需抽調侍應人員二至三名。
（三）繼續訓練初次二星期（三十七年九月六日至十九日）
（四）二期於九月二〇日開始，全屬女性。
訓練辦法：
除一般訓練外，選擇分別面訓，加强骨幹。

D

訓練人數及地址：
一、第一期九十九名，（屬於城內）在開明戲院內。
第一期一〇〇名左右（城外）
二、第二期二百餘名。

（五）吳縣團管區司令部
地址：城內嘉餘坊二五號（三六年材料作帶城橋下塘三一號）
司令：杜　楷
副司令：高寶書
參謀主任：
軍需主任：
軍法官：
軍醫官：呂治安
第一大隊長：孔憲鏞、副　潘林森。隊部駐在相門獅子口。
第二大隊長：方益恩、副　吳明德。
中隊長：姚光遠、陸偉安、鄒彥秀、張振常、石錦庭、丁明誠、田學志、柏中一、劉杰生、朱志斌。

（六）江蘇省太湖水上警察局
地址：木瀆鎮

局長：張少華 年五〇歲，籍武進。
督察長：吳叫震 年三二歲，籍南京市。
第一科長：李宗綱 年五六歲，籍武 。
第二科長：姚烜 年四六歲，籍湖南岳陽。
第三科長：劉葆潤 年四〇歲，籍武進。
兵力：四個水上警察大隊，十二個隊，官佐六七名，隊員五〇〇餘名。
備防地：分在武進、無錫、吳江、蘇州沿太湖地區駐防，洞庭、東山、西山、橫涇設有分局

（七）蘇、崑、吳三縣聯防指揮部
，均由張少華兼。
地址：不詳
指揮官：朱維漢

（八）國防部江蘇軍人監獄
地址：閶門外三六號中兵舍
電話：一九九六號

—40—

二 地方團隊

（一）吳縣保安團
共有二個團，係就原有二個保警中隊、四個保安中隊、五個常備隊擴編而成。武器配備共步槍一〇〇〇餘枝（可用的約佔十之六七），每團配有輕機十至二十挺，重機槍一挺。人數均不足額，約百分之八十，能作戰者僅五百人。第二團長爲前保警第一大隊長孫政，第×營長韓同祥。另一營駐在木瀆，營長賈維亭。

（二）吳縣民衆自衛總隊

地址

總隊長：朱能漢兼

副總隊長：張次佛，兼軍事科長。

編制：鄉鎮擴併後，較大者設一大隊，較少者設一中隊，每中隊人數不足一分隊，槍枝不足一班，大市鎮約有一分隊實力。

人數：全縣約一千二三百名。

武器：步槍六七百枝。

茲將現知各鄉鎮配備概況表列如下：

地區	概況
用直	一、步槍三十多枝。二、成份行伍出身及二流子佔多。
陳墓	步槍卅多枝，短槍十多枝，湯姆一枝，輕機二挺，重機二挺。
斜塘	步槍廿多枝，輕機三挺。
太平橋	區直屬分隊，輕機二、三挺。
木瀆	槍很少
周莊	機槍二挺。

總隊部官佐：周公贊　鄒廿棠　設興人
　　　　　　費倫祥　張宜信　朱燕庭

各鄉鎮自衛隊隊長，由各鄉鎮長兼
各鄉鎮自衛大隊副名單如下：

西山區：

練塘鎮	劉增亭	大夏鎮	湯志良	四皓鄉	金桂福

淞北區：

車坊鎮	程紹恩	尹山鄉	王道宏	郭巷鎮	王元慶
兴北鄉	高德清	斜塘鎮	胡君瑛		

淞南區・

陳菜鄉	吳幼泉	蹉跎鄉	葉和元	甫里鎮	張金亭

東山區：東山鎮　方立泉　後山鎮　張君實　莊蓮鎮　戴松林
浦莊鄉　彭振中　橫涇鎮　劉開金
陽澄區：太平鎮　湯大林　唯亭鄉　陳之平
跨塘鄉　王泰元　湘涇鄉　陳志富
滸關區：滸關鎮　周鼎立　望亭鎮　過金陵
廖西鎮　楊　瑞　東橋鎮　孫明遠
高景鎮　江　雲　建民鄉　孫藹庭
黃埭區：黃埭鎮　劉瑞麟　陸墓鎮　朱振家
蠡胡鄉　秦　瑛　渭雪鄉　徐孝伯
冶長鄉　王正五　北青鄉　敖占丹
永涇鄉　曾　嘯
吳西區：光福鎮　楊德清　香山鄉　王佩臻
西華鎮　劉　森　東渚鎮　歐陽簡
善橋鎮　謝東山　石湖鎮　莫天強
楓橋鎮　周揚恩　金山鎮　丁鳳岐
橫塘鎮　顧雲峯　胥口鄉　潘伏笙
木瀆鎮　程受水
蘇州區：東興鎮　鄭偉奇　南陽鎮　卞振亞
西城鎮　朱斌麟　北街鎮　楊國樑
中山鎮　凌伯揚　中和鎮　謝健軍
金閶鎮　武金生　虎邱鎮　邢增壽
彩雲鄉　符志賢　胥江鎮　巢　川
齊溪鎮　王亞斧　葑溪鎮　梁戈祥

—42—

各鄉鎮保民衆自衛隊長山鄉鎮保長兼；各鄉鎮保民衆自衛隊附名單如下：

婁江鎮　戴雨擎
大夏鎮　馬玉如　車坊鎮　唐廷中　雲玉章　俞正强
尹山鄉　蔣繼忠　朱助華
郭巷鎮　費順林　蔣漢强　張忠傑
淞北鄉　左　鄉　汪振國
斜塘鎮　武子峯　王俊元　王誠忠
陳墓鎮　楊劍元　張文忠　陳漢昌
楚伧鄉　楊瑞雲　趙柏田
甫里鎮　舒萬正　陶雨龍　黃東榮　張其昌
東山鎮　袁紹仁　李懋庭
復山鎮　尹季龍　陶士鈞
北厙鎮　朱政武　湯澤沛
浦莊鄉　李福林　李志堅
横涇鎮　朱雲橋　彭位才
蠡墅鄉　吳頌堯　許關鎮　王福生
太平鄉　王廷中　程正益
唯亭鄉　張德武　湘城鄉　周變炎
跨塘鄉　張覺非　張曉峯　望亭鎮　揚志清
渭涇鄉　趙介夫　馮輝鑑　東橋鎮　王晉勳
嘐西鎮　唐冠君　孫耀庭　建民鄉　吳國樑
高景鎮　史孝先　盛禎祥　治長鎮　張慕唐
黃埭鎮　汪國銘　趙　斌　北橋鄉　周述江

—43—

陸墓鎮　朱一我　俞叔平　永福鎮　薛豐年
蘆湖鄉　周　英　陳劍良　西華鎮　婁景元
渭塘鄉　顧慎修　李嘉賢　善橋鎮　許　駿
光福鎮　許紹成　楊志林　石湖鎮　董建明
香山鄉　謝英傑　孫傳家　横塘鎮　謝幹臣
東渚鎮　宋　俊　陳文作　胥口鄉　石俊傑
楓橋鎮　胡興漢　黃志英　許建生
金山鄉　儲正元　孫志堅　虎邱鎮　何　健
木瀆鎮　祝榮先　趙幼儒

（三）工商業自衛隊（正在籌組中）
一、發起人：范君博，夏且初，孫慕鷗，萬發超等
二、目的：在時局動搖時維護地方（相等於軍閥時代之「商團」）
三、經費來源：工商界籌集向國防部購械
吳縣軍民合作總站
地址
總站長　沈北磐
副站長　吳寇獻　（警察局長）兼
　　　　雷雨遲

—44—

第四部份 公用交通

一 郵電

（一）吳縣一等郵局
地址：閶門外大馬路
局長：×××
職員：顧白羽，國民黨縣黨部委員，縣參議員，在局內担任匯兌業務。
支局：一 齊門支局 地址西北街
二 西中市支局
三 養育巷支局
四 中正路支局
五 吳衙前支局

（二）交通部吳縣電信局
地址：閶邱坊巷 四號
營業處：一 觀前邵磨針巷；二 大馬路。
局長：龔祖律
前任陳天佐，日降後以交通部專員名義來蘇接收，並主局政。
組織系統：局長下設業務、工務、總務、會計四課。業務課下設營業、報務、話務三股。工務課下設材料、××二股。話務股轄話務員九十餘人。
業務範圍：一、城區電話，設有市內用戶交換席十八座，用戶二千餘家。
二、長途電話，設有長途電話交換席四座，通達京滬聯各城市。

設備：除電亭·長途記錄台、長途測量台、障礙台等外，有電話機二千餘架、機台三架。

人事：營業員祝振海，住滄溪坊四九號。

報務員孫　鑑，住皮市街一八號。陶溪鳴，住蓮花巷五號。

話務員陳振鰲，住鈕家巷二九號。陸　菱，住臨頓路三六〇號。

工務員程宇域，住鳳凰街新文藝文具社隔壁。

（三）吳縣鄉區電話

設置：吳縣縣政府

性質：專供政府聯絡之用。

通達地點：黃埭、滸墅關、橫塘、唯亭、外跨塘、斜塘、湘城、太平橋、木瀆、光福、蠡口、吳塔、徐莊、東山、東渚、善人橋、浦莊等地。

（四）甪直電話局

地址：廣濟橋塊

局長：王××

設備：交換台一座，話機一五〇隻。

人事：職員十餘人，話務員三人。

業務範圍：蘇州甪直兩地通話。

（五）蘇州電氣廠：

地址：胥門外裝市橋（電話九、五四四、三三二號）總務課設在觀前街一二五號（電話七二〇號）

資本性質：一作民營，廠主丁某某；一作官商合辦。

廠長：張寶洞。

業務課長：高國華。

總務課長：吳某某。

電務課——發電所：工程師吳鑑生

業務範圍：除蘇州城區外，並供給吳江、光福、木瀆、董墅、外跨塘、蔡墅關（設有分廠）等地。

設備：有汽釘二隻，每隔三天抽電一次。

發電量：一一、八〇〇伏安（瓩）（一作七萬度電）

（六）新民電氣股份有限公司

地址：甪直鎮

經理：陳佈玉，住甪直北街。

副經理：朱景黎，住甪直西街。

業務範圍：甪直本鎮外，戰前曾供給陳墓、新窰等地，現已停供。

（七）蘇州自來水廠籌備處

地址：北局救火會

籌備主任：貝淞蓀

二、交通

甲　鐵路交通

蘇嘉鐵路抗戰後拆毀，迄未重修，現鐵路交通祗有京滬一線。

（一）京滬區鐵路管理局蘇州車站

地址：平門外

站長：×××

員工：二〇〇人左右

設備：貨棧，行李房，客廳，辦公室外，附設該局運務段蘇州机車房。

—47—

警衛：駐有憲兵一班，交警七〇餘名，美式配備，沿鐵路有活動碉堡，並備有鐵路裝甲車。

分站：滸墅關、望亭、官瀆里、外跨塘、唯亭等五站。

乙　公路交通

公路交通，現有蘇滬、蘇錫、蘇常、蘇嘉及蘇福、蘇木支路共六線。內蘇嘉、蘇福、蘇木均有專營長途汽車公司。蘇錫、蘇滬、蘇常三線，係錫滬長途汽車公司專營。此外復有汽車行商七、八家。茲將各汽車公司、行商分誌如下：

（一）蘇福長途汽車公司

地　址：閶門外橫馬路四二號。

負責人：許憲民（女）偽國大代表。

專營路線：蘇福公路（蘇州至光福）及蘇木公路（蘇州至木瀆）。

車輛：大小約十餘輛。

車廠：設在大馬路五八八號

車站：蘇州站設在閶門外大馬路。

　楓家橋站，盤門外。

　胥門站，胥門外。

（二）蘇、嘉湖長途汽車公司

地　址：金門國泰戲院對面。

負責人：陳果夫

專營路線：蘇嘉湖公路及蘇木支路

車輛：大小三十輛以上

車廠：致萬里橋

車站：蘇州站在橫馬路

葑門站，在葑門外覓渡橋。

（三）滬太長途汽車公司

專營路線：除滬太外，兼營蘇常公路一線。

附註：蘇常公路一作由錫滬公司兼營，未知孰是。

（四）錫滬長途汽車公司蘇州辦事處

地址：大馬路二三〇號。

業務範圍：蘇錫、蘇滬公路，及蘇常（常熟）公路。

蘇常線車站：設在齊門外

（五 吳縣城區公共汽車公司

戰後興辦，因頻告失事，現已停駛，公司設在景德二二四號

（六）汽車行商

一、祥生汽車行

地址：中正路二一一號

經理：吳金才。

車輛：一〇〇輛左右。

二、國泰汽車行

地址：景德路五二號

經理：葉永岑

車輛：五〇輛左右。

三、雲飛汽車行

地址：邵磨針巷一二號

— 49 —

車輛：廿〇輛左右。

四、麗都汽車行

地址：福園馬路口三三六號

五、天然汽車運輸行

車輛：木卡車十餘輛，小汽車十餘輛。

六、交通汽車行

地址：閶門外大馬路

經理：王榮槐

七、阜成汽車行

地址：大馬路

經理：曹樹榮

八、蘇滬汽車行

地址：大馬路

經理：郁成業

九、協明汽車行

地址：北濠弄

經理：錢協明

十、華凱汽車行

地址：景德路

經理：張豪義

十一、張壽佳汽車行

地址：横馬路

經理：張榮根

丙　航運

A、航運狀況

蘇州航運狀況，茲根據三十五年底材料表列如下：

管轄縣份	航綫起訖點	里程（公里）	輪局名稱	輪船隻數
吳・上海	蘇州　上海	八〇	元亨	一
吳・虞	蘇州　常熟	四五	公利、復達、江民、利行、公茂、志民、志通、蘇南、蘇翠、志記、協興。	一二
吳・虞	蘇州　滸浦	六一	蘇庭、蘇翠、志記、福利	三
吳	蘇州　黃埭	一八	黃埭	一
澄吳	蘇州　長壽	七八	衡泰	二
吳錫	蘇州　安鎮	五〇	華新	一
吳澄	蘇州　華墅	八〇	衡泰	二
吳	蘇州　[illegible]金橋	四五	三星	一
吳	蘇州　陳墓	三〇	蕪茂、友聯、鑫記	三
吳錫	蘇州　無錫	四五	老蘇錫	一
吳	蘇州　蠡口	一五	利濟	一
吳	蘇州　甘露	三二	華商、福利	二
吳・吳江	蘇州　同里	二〇	太湖、永濟	二
吳・吳江	蘇州　周莊	三〇	大中、立大	二
吳・吳江	蘇州　雙塔	三四	永豐	一
吳・吳江	蘇州　蘆墟	四〇	和濟、達利	二

吳・吳江	蘇州金澤	四五	恆記	一
吳・吳江	蘇州西塘	四〇	四達、協記	二
吳・吳江	蘇州嘉興	七〇	順豐、通利	三
吳・吳江	蘇州湖州	九〇	永和、興鑫、新記、源通	四
吳・吳江	蘇州南潯	六四	利行	二
吳・吳江	蘇州黎利鐵	三八	順風、合記、通發、通利、洽濟	四
吳・吳江	蘇州盛澤	四〇	協和、大達、順通	三
吳縣	蘇州東山	四〇	聯和、保成、公茂、蘇庭、通茂、新興	二
吳縣	蘇州越溪	八	永和	五
吳縣	蘇州西山	三六	通源、[illegible]記、興記、北湖	六
吳縣	蘇州香山	一八	農友、福記、協記、興記	一
吳縣	蘇州光福	二四	合成、福利、新記	三
吳縣	蘇州木瀆	一五	集成協	一
吳縣	蘇州湘城	一八	湘蘇	一
吳縣	蘇州後塘	三七	普益、新記	一
吳縣	蘇州橫涇	一八	[illegible]蘇	一
吳縣	蘇州梅村	二二	普益、新記	一
吳縣	蘇州渡村	二〇	福記、太湖	二

B 航運公司

太湖輪船公司　地址：萬人碼頭一八號

中華輪船局　地址：閶門外萬人碼頭

通利輪船局　地址：萬人碼頭二一號

中蘇錫聯運局	地址：萬人碼頭五一號
中錫輪運聯運處蘇州營業所	地址：萬人碼頭
遠東運輸公司	地址：大成坊巷一五號
鴻記運輸商號	地址：山塘街曹家弄　電話：一六七一號
大有水陸運輸公司	地址：閶門外太子碼頭一四號
大華水陸運輸公司	地址：橋司空巷六號
久和水陸運輸商號	地址：新民橋
大興水陸運輸商號	地址：閶門內虹橋下塘五三號
尤文記駁運處	地址：盤門外大馬路八二八號
中和運輸公司	地址：萬人碼頭七五號
公信貿易運輸公司	地址：接駕橋八八號
永大運輸公司	地址：西中市九九號
協大運輸公司	地址：景德路一一五號
東亞鄧記運輸公司	地址：萬人碼頭三元弄口
金星運輸公司	地址：萬人碼頭水弄口二六號
匯通鑫記運輸公司	地址：新民橋寶德里二號
源利運輸公司	地址：中正路四〇二號
鼎通運輸公司	地址：錢萬里橋堍三八六號

第五部份　經濟

一　金融業

蘇州金融業發達，城區銀行，達二十三家之多，（至於錢莊經向財政部領照者爲十四家）內計國家行局庫六家、省銀行兩家、縣銀行一家、其他商業銀行十三家。

五家國家銀行爲中國、交通、中農三行中信、儲匯二局及合作金庫；省銀行二家爲江蘇省、江蘇省農民二行；縣銀行一家，爲吳縣縣銀行；其他商業銀行十三家爲金城、國貨、四明、新華、上海、中國實業、國華、浙江興業、田業、永大、太倉商業、中華、中南及亞洲。（交通、蘇農、上海、吳縣縣銀行各設閶門辦事處，尚未列入）

如以級別區分，則總行兩家，分行十家，支行八家，辦事處三家。總行兩家爲吳縣縣銀行及吳縣田業銀行；分行十家爲江蘇省農民、江蘇省太倉商業國貨、上海、國華、新華、永大、中華及亞洲；支行八家爲中國、交通、合作金庫、四明、中國實業、金城、浙江興業；辦事處三家爲中農、中信及儲匯。

上列二十三家銀行中，內有二十家設在觀前，另二家設在密邇觀前之中正路，故觀前之在蘇州，可稱銀行區。

蘇州國庫係由中國銀行代理，省庫係由江蘇銀行代理，縣金庫由吳縣縣銀行代理。銀錢兩業票據交換辦事處，（設在承德里內）由交通銀行代理。

各行局業務，大率以存款、放款、匯兌爲主，信託業務較少，儲蓄業務則絕無僅有。

銀行商業同業公會理事長爲王季勉，常務理事爲鄭鼎與孔叔愼。

茲將各行局地址及負責人姓名、職別表列如下：

甲　銀行

中國銀行蘇州支行　地址：觀前街六六號。電話：四九二——一二五六。經理：鄭鼎

交通銀行蘇州支行　地址：觀前街一八一號。電話：二三六二——二三八〇。經理：賀民牧（閶門設辦事處）

中國農民銀行蘇州辦事處　地址：觀前街二五九號。電話：六八〇——一一五——二二二五。主任：徐嘉增

中央信託局蘇州辦事處　地址：觀前街一八九號。電話：三〇一——五三九——六九三。主任熊世害（分辦事處設韓家巷鶴園）

郵政儲匯局蘇州辦事處　地址：觀前街二六〇號。電話：四五九——四六〇。主任：呂正宜

江蘇省銀行蘇州分行　地址：觀前街一七六號。電話：一四八五——一五二一。經理　郭壽增

江蘇省農民銀行蘇州分行　地址：觀前街八六號。電話一四四二——二一八八。經理：曹　棠　副經理：方安之（辦事處：一、閶門。二、滸墅關。農業倉庫：一、陳墓。三、甪直。三、黃埭。四、唯亭。）

吳縣縣銀行總行　地址：觀前街七二號半。電話：一四五四——一四五五。董事長：徐夢周　經理：徐夢周

吳縣田業銀行　地址：觀前街。董事長：吳開天（或係開天）經理：潘景鄭

中南銀行蘇州辦事處　地址：觀前街一二九號。電話：一二二五——一二二七。

四明商業銀行蘇州支行　地址：觀前街二三八號。電話：一四二四——一四一五。經理：汪瑞安

中央合作金庫吳縣支庫

中華商業銀行蘇州分行　地址：觀前街二〇三號。電話：一二四〇——一八四〇。陸丹甫

亞洲銀行蘇州分行　地址：中正路二〇九號。電話：一二八〇——二四四一。屠增成

永大銀行蘇州分行　地址：觀前街二八八號。電話：二〇二一——二〇三。經理：方安之

國華銀行蘇州分行　地址：觀前街一六九號。電話：一八三五——一九四九。代經理：郭幼生

中國實業銀行蘇州支行　地址：觀前街一八〇號。電話：八五〇——八七〇。經理：盛譽江

— 55 —

浙江興業銀行蘇州支行 地址：觀前街二六六號。電話：一六一四——二〇八七。經理：王叔奮

中國國貨銀行蘇州分行 地址：觀前街一六五號。電話：一一一〇——一五〇〇。經理：孔叔慎

新華信託銀行蘇州分行 地址：觀前街一四六號。電話：一六九二——五七二。經理：馮執中

上海商業銀行蘇州分行 地址：觀前街一〇九號。電話：一四五——四四一。經理：貝祖武

〔閶門設辦事處〕

金城銀行蘇州支行 地址：觀前街一七七號。電話：一二一二——一三一五。經理：王季勉

太倉銀行蘇州分行 地址：中山路二 四號。電話：八二〇——二〇九九。

（附錄）一交通銀行吳縣分行職員錄

職別	姓名	號別	年齡	籍貫
經理	賀民牧	歲雲	四八	丹陽
文書員	施寶善	子韶	四四	浙江吳興
營業員	金德齡	道村	四六	蘇州
會計員	王兆俊	志達	三八	蘇州
辦事員	張文英	贊能	四六	浙江嘉興
	虞志瀛		三五	浙江吳興
	田鍾麟	定海	三七	浙江[illegible]
	戴鶴年	友梅	四一	揚州
	許蔭藩		三三	宜興
	嚴章樾	臉生	二九	蘇州
	顧慶華	[illegible]市	二九	蘇州
	周文安		四一	無錫
	潘秉芬		二二	蘇州

（附錄二）江蘇省農民銀行蘇州分行職員錄

職別	姓名	年齡	性別	籍貫	通訊處	備註
經理	曹棠	四八	男	江陰		
副理	法有助	三八	男	溧陽		
襄理兼會計股長	沈潤侯	三七	男	吳江	蘇州護龍街一八二號	
文書股長	畢醴清	四四	男	浙江嘉興	松江西門外寶華綢緞局對門	
出納股長	謝翔雲	五四	男	武進	奔牛羅墅灣	
辦事員	周浚如	六三	男	溧陽	蘇州鐵瓶巷四五號	
	謝明霞	三六	女	吳縣	蘇州迎花巷六號	
	潘承琀	三二	男	吳縣	蘇州砂皮巷五四號	
	劉元熾	二八	男	吳縣	蘇州閶門西街四九號	
	詹守伯	五三	男	江都		
助理員	李錚輝	三一	男	福建閩侯	蘇州東北街焦背濱一五號	
	張華霞	二七	女	浙江嘉興	蘇州曹家巷泰仁里四號	
	錢壽珍	三九	女	吳縣	蘇州定慧寺巷三五號	
	蔡華錦	四〇	男	吳縣	蘇州陳墓鎮中市	陳墓倉庫主任
	歸惠里	五六	男	吳縣		唯亭倉庫代理主任
	陳詩言	二六	男	吳縣	蘇州木瀆中街九〇號	
	翁人麟	二九	男	浙江吳興		
	蔣其金	三七	男	靖江	靖江東埠鎮	
	吳德祁	二七	男	浙江吳興	吳興孫衙河路一五號	

—57—

練習生	湯仲和	三三	男	吳縣	吳縣通和坊五一號	
	程子龍	四六	男	吳縣	蘇州通和坊一三號	
	朱炳鏞	二〇	男	吳縣	蘇州鈕家巷四八號	
	朱炳楨	二二	男	吳縣	蘇州齊家巷鳳池弄一二號	
局員	王澄	三三	男	吳縣	吳縣陳墓鎮	陳墓倉庫職員
	張伯威	三六	男	鎮江	鎮江南門外柳家村	黃埭倉庫職員
	姚錦池	四八	男	吳縣	甪直鎮西	甪直倉庫職員

蘇州分行閶門辦事處

職別	姓名	年齡	性別	籍貫	通訊處
主任	曹鴻慈	四二	男	南通	南通鎮西
辦事員	蔣一湘	四四	男	江都	邵北東街
	程鳳麟	三〇	男	浙江吳興	吳興北街裕豐棧轉
	閔元章	五五	男	同上	吳興衣裳街包家衕七號
助理員	陳頌人	四四	男	吳江	蘇州富郎中巷五四號
	金子貽	三九	男	吳縣	蘇州大八良士巷一〇號
	陳覺路	二七	男	浙江諸暨	浙江諸暨外陳鎮
	張葆榮	二八	男	宜興	溧陽城頭
練習生	陳紹遂	二七	男	吳縣	蘇州木瀆東街五〇號
	汪毓渶	二四	男	吳縣	蘇州皮市街一七號

蘇州分行滸墅關分理處

職別	姓名	年齡	性別	籍貫	通訊處
代理主任	施紹斌	三三	男	浙江吳興	湖州馬軍巷一五號
助理員	胡裕興	三四	男	溧陽	南京湖北路三〇六號

默用助理員　蔣廣名　二五　男　吳縣　滸墅關上塘南街五六號

錢機祖　四一　男　吳縣　蘇州長春巷二五號

（附錄三）江蘇省銀行蘇州分行職員錄

職別	姓名	年齡	籍貫	通訊處
經理	郭壽埼	三九	阜甯	南京國府路青石街二三號
副理兼營業科長	何淞孫	五一	杭縣	蘇州桃花塢
襄理	張家振	五一	吳縣	蘇州懸橋巷四二號
會計科長	陳兆瑞	四〇	吳興	上海天潼路怡如里五〇號
文書科長	黃傳福	三八	吳縣	蘇州大成坊巷八四號
出納科長	張立壽	五六	泰興	泰興仙鶴灣二二號
辦事員	王之康	四二	吳縣	蘇州中正路七七三號
辦事員	嚴家康	三九	吳縣	蘇州衛道觀前三八號
辦事員	錢孚鍔	五〇	吳縣	蘇州東花橋巷一四號
辦事員	謝德勛	二九	吳縣	蘇州富郎中巷五〇號
辦事員	徐宗瑞	三八	吳縣	吳興西門堂子灣
辦事員	徐茂中	二五	吳縣	衛道觀前四一號
辦事員	陳洽聞	三四	吳縣	蘇州文衙弄
辦事員	管春化	二七	鹽城	揚州運司公廨六七號
練習生	胡一人	二〇	宿遷	宿遷洋河鎮

乙　錢莊

鴻盛錢莊　地址：觀前街一九九號　董事長嚴欣淇　總經理孔十濂　性質（股份有限公司）

鴻[illegible]錢莊　地址：觀前街五四號　董事長嚴欣淇　總經理俞玉賡　性質（同上）

大倫錢莊　地址：南壕街一三四號　董事長范君博　經／理范頌堯　性質（同上）

永豐錢莊　地址：西中市一二五號　股東代表余鑒　經理鄒範五　性質（股份無限公司）

鴻康[illegible]記錢莊　地址：觀前街二六八號　經理朱晉甫　性質（股份有限公司）

協和錢莊　地址：橫馬路四八號　經理劉庭蓀　性質（股份有限公司）

元生錢莊　地址：西中市一一三號　經理朱潤卿　性質（同上）

北昌銀號　地址：下塘街一七六號

福大錢莊　地址：西中市一〇九號　經理申伯厚　性質（股份有限公司）

振蘇錢莊　地址：觀前街一九號　經理裘永順　性質（同上）

誠康錢莊　地址：西中市三五號　經理余省吾　性質（同上）

慶泰錢莊　地址：觀前街一三七號　經理徐瀚登　性質（股份有限公司）

慶來錢莊　地址：觀前街山門巷　經理陶學培　性質（同上）

裕蘇錢莊　地址：南濠街一八九號

慎山錢莊　性質（同上）

丙　銀樓

明康銀樓　地址：觀前街二八五號

同豐銀樓

方九霞銀樓

方天寶銀樓

寶成久記銀樓

丹鳳銀樓　地址：觀前街二八號

天豐恆金號　地址：西中市六五號
天豐恆銀樓　地址：接駕橋一四號
天寶銀樓　地址：觀前街二九號
長豐金號　地址：觀前街二六〇號
恆孚銀樓　地址：西中市一〇八號
恆孚銀樓東號　地址：觀前街二七〇號
恆孚銀樓西號　地址：西中市
恆豐金銀號　地址：西中市一三一號
泰興金銀號　地址：觀前街一五九號
恆豐永記銀樓　地址：中正路二二一號
匯源銀樓　地址：萬年橋大街
新寶成銀樓　地址：中正路景德路口
新慶和銀樓　地址：萬年橋大街
協慶和銀樓　地址：西中市德馨里

丁　保險公司

名稱	職別	姓名	設立年月	地址
大東保險股份有限公司分公司	經理	周棣文	卅一年設立	閶門內下塘街二〇五號
太平產物保險股份有限公司支公司	經理	吳天孚	廿五年一月設立	觀前街一七八號
大安保險股份有限公司分公司	經理	俞希白	卅二年四月設立	觀前街五六號

—61—

南紹水火保險股份有限公司經理處	主任	李俊元	卅五年七月設立	觀前街洙泗巷
大南產物保險股份有限公司分公司	主任	桂鑑甫	卅一年設立	觀前街八一號
光華產物保險股份有限公司辦事處	主任	周棣文	卅年十一月設立	閶門內下塘街二〇五號
實豐產物保險股份有限公司代理處	代理人	中國旅行社		觀前街一〇九號
中國天一保險股份有限公司分公司	經理	金玉堂		觀前街四五號
四明產物保險股份有限公司分公司	經理	汪瑞安	卅五年五月設立	觀前街一三八號
興華產物保險股份有限公司代理處	主任	朱鉚沿	卅年十二月設立	護龍街二三二號
中興產物保險股份有限公司經理處	主任	佘慶藩	卅五年六月設立	觀前街七〇號
上海聯保水火險股份有限公司支公司	經理	凃浩泉		觀前街二五二號太和藥房內
豐盛保險股份有限公司支公司	經理	吳天孚	卅年五月設立	觀前街一七八號
安平保險股份有限公司分公司	經理	倪興仁	卅五年六月設立	觀前街一三三號
華業產物保險股份有限公司辦事處	主任	鄒純英	卅年十月設立	平江路二八〇號
福泰保險股份有限公司分公司	經理	龔吟滄	卅一年四月設立	觀前街建業大樓三〇一室

華成產物保險股份有限公司代理處　主任　沈偉農　護龍街二二三號

太安豐產物保險股份有限公司分公司　經理　吳承滌　卅五年五月設立　觀前街一七八號

二 工商業

甲 紡織業

A 紡織廠

蘇州紡織廠共有紗錠二九六一二枚，全年產額一三・九八五包又三九・五〇公斤。產布二〇六〇七五疋。茲將各廠分誌如下：

（一）蘇州蘇綸紡織印染公司（一九四八年六月材料）

地　址：上海江西路四五一號

事務所：

工　廠：蘇州盤門外裕棠橋

創辦年月：一九二八年

資　本：一百五十億元

人　事：

董事長　嚴慶祥，敵偽時期與日人勾結，合股增資經營，日降後，日方資本未抽出，由其弟欣淇多方活動，接管該廠。

經　理　嚴欣淇

—63—

廠長　嚴欣淇
工程師　池發龍
設備：
紡錠　二五六〇〇枚
布機　已開七二〇台　未開三四九台　共計一〇六九台
工人數：　二九九四人
用花：　每年八三七五〇市担　（一九四七年全年）
產量：　每年產紗二一一三二包（一九四七年全年）
每年產棉布四七七八二六疋（一九四七年全年）
商標：　棉紗採用「天官」商標，
棉布採用「神鷹」商標。

（二）泰利實驗工場
地　址：盤門外大馬路一四號
事務所：上海江西路四五一號五〇二室
創辦年月：三五年十二月
資　本：十億元
人　事：董事長李震之
廠長　徐潤章
工程師朱錄嘉
設　備：紗錠九一八四枚
工人數：一六三人
用　花：一七六五〇担
出　紗：四二〇三包

紗綫商標：勝利

（三）勤業紗廠

地　址：胥門外洋橋河沿一五號

創辦年月：三六年二月

資　本：一億元

人　事：董事長黃旭人

經理沈灝

工程師沈念竹

設　備：巳開紗錠九六〇枚，未開一九二枚。

工人數：五八枚

用　花：一四一〇市担

出　紗：三三七包

商　標：天鶴紗綫

（四）永明紗廠

地址：葑門外北柵頭二六號

營理處：盛家帶一〇號

設備：紗錠二四五〇名

（五）昕毅紡織印染公司蘇州第三染織廠

地址：平門內義昌街八號

辦事處：觀前街太監弄四五號半

總公司：設在無錫，總經理爲朱光華

（六）源康紡織染廠蘇州分廠

地址：胥門外小日暉橋

（七）萬順染織廠

地址：三元坊蜜蜂洞吉祥街二號

（八）慶豐染織廠

地址：景德路黃鸝坊三一號

（九）勤工染織廠

地址：西華橋巷三四號

（一〇）震豐染織廠

地址：十全街八八號

辦事處：東中市一八八號

（一一）美華布廠

地址：齊門外東匯路三〇號

（一二）大東染織廠

地址：嚴衙前一〇二號

（一三）大華棉花廠

地址：塘山街桐橋西六二三號

B　紗布莊

城區紗布莊號在六〇家以上，茲簡錄十二家如下：

華興紗號　地址　西中市

懋興祥棉紗號　地址　東中市

協豐紗布號　地址　東中市

復成紗號　地址　學士街

德昶紗布號地址　東中市

萬豐布號　地址　西中市
達康土布號　地址　西中市
衡豐布號　地址　西中市
華成紗布號　地址　宋仙洲巷
鉅泰土布號　地址　東中市
乾昌祥棉布號　地址　東中市
源昌祥布號　地址　上塘街

乙　蠶絲業

（一）中國蠶絲公司蘇州分公司　地址：研究所　葑門外洋關燈草橋，電話一〇〇九號　蠶桑場盤門外青陽地　總經理　葛敬中（官僚資本）
（二）中國蠶絲公司第一實驗廠　地址：盤門外青陽地　電話三九五　五一二
（三）中國絲綢公司蘇州分公司　閶邱坊巷六九號　電話二〇九五
（四）蘇綸絲廠　地址：振市街電廠右鄰　電話一六二八
（五）江南第三絲廠　地址：滸墅關三元橋
（六）實驗化繅絲廠　地址：滸墅關上塘南街　主辦者：省立蠶絲專科學校
（七）大有蠶種總場　地址：滸墅關採菱橋　分場滸墅關張家橋專主辦人：邵申培、邵柏生，籍宜興，前省立蠶校教員。出品：老虎牌蠶種，頗著信譽。
（八）滸關蠶種總場　地址：滸墅關上塘南街　分場：滸墅關青石橋。
（九）壬戌蠶製種場　地址：滸墅關上塘南街
（一〇）永新蠶種場　地址：滸墅關和象橋
（一一）國華蠶種場　地址：滸墅關安橋
（一二）三元蠶種場　地址：滸墅關安樂橋

— 67 —

（一三）廣遠蠶種場　地址：滸墅關滸橋
（一四）天豐蠶種場　地址：滸墅關竹春橋
（一五）保康蠶種場　地址：滸墅關下塘
（一六）蘇溪蠶種場　地址：葑門闆橋頭巷三二號

丙、織綢業

A、綢廠

（一）永華綢廠　地址：吳趨坊賽兒巷
（二）同孚綢廠　地址：中大營門朱牙場
（三）利純記振綢廠　地址：葛百戶巷三二號
（四）志康綢廠　地址：皮市巷一四一號
（五）東吳絲織廠　地址：閶邱坊巷一
（六）徐同泰綢廠　地址：養育巷水凌粉橋
（七）泰來絲織廠　地址：齊門路有穀裏
（八）開祥綢廠　地址：閶林坊巷八號
（九）志豐綢廠　地址：侍其巷一八號
（一〇）瑞泰綢廠　地址：中大營門朱牙場
（一一）榮大綢廠　地址：裝駕橋巷四九號
（一二）久里綢廠　地址：古市巷四八號
（一三）千里綢廠　地址：倉街橫巷五號
（一四）大生綢廠　地址：東中市八三號

— 63 —

（一五）大函綢廠　地址：大王家巷三一號
（一六）大勝織綢廠　地址：丁香巷中家橋
（一七）大順織綢廠　地址：牛蔣橋北下塘
（一八）火豐綢廠　地址：大儒巷六三號
（一九）元泰錦綢廠　地址：臨頓路三七一號
（二〇）元椿綢廠　地址：臨頓路北顯子巷
（二一）天成綢廠　地址：平門路四四號
（二二）天孫錦綢廠　地址：吳爐坊九〇號
（二三）慶元綢廠　地址：中大營門朱牙場
（二四）錦孫綢廠駐蘇辦事處　地址：中正路四四三號
（二五）鴻華綢廠　地址：天后宮橋南潭子里
（二六）蘇州綢廠　地址：西北街破弄
（二七）延齡正記綢廠　地址：殿基巷二四號
（二八）星源福記綢廠　地址：東中市四三號
（二九）鴻記織造廠　地址：穿珠巷五〇號
（三〇）大中絲織廠　地址：倉街小新橋巷
（三一）天豐祥織物廠　地址：齊門內下塘四〇號
（三二）延齡冠記織物廠　地址：皮市街十錦巷一〇號

B、綢莊

此區綢莊在二九家以上，簡錄十二家如下：

（一）寶康恆綢莊：地址西中市
（二）大有恆綢布局：地址觀前街

（三）美綸昌綢莊：地址宋仙洲巷
（四）裕昌綢莊：地址寶林寺前
（五）義豐綢莊：地址觀前街
（六）一大綢布號：地址石路
（七）大昌祥綢布號：地址西中市
（八）同仁和綢緞局：地址觀前街
（九）元利綢緞局：地址觀前街
（十）振大福記綢布莊：地址山塘星橋
（十一）乾泰祥綢緞局：地址觀前街
（十二）寶大祥綢緞局：地址觀前街

丁、襪衫業

A、襪衫廠

九華襪廠：地址阿黛橋　電話二二八八
大同襪衫廠：地址閶門外石路　電話一八一二
大陸襪廠：地址觀前街一三二號　電話一九八七
工商襪廠：地址東中市六六號　電話一一三六
中央襪廠：地址觀前街一八四號　電話一〇五〇二
中南襪衫廠　地址觀前街一三九號　電話一一三三
中國襪廠：地址太監弄八號　電話一一六四
民生針織襪廠：地址景德路二〇八號　電話二二〇六
永業針織襪廠：地址觀前街六八號　電話一五一八

—70—

光華襪衫廠：地址觀前街一八二號　電話一二三二〇
南京襪廠：地址大馬路二八九號　電話二一八二
萬國襪廠：地址觀前街一一八號　電話一七二三
甯江襪廠：地址閶門外大馬路　電話一三四六
蘇州襪廠：地址中正路六四九號　電話八二三

B、百貨公司

城區百貨公司約四十家以上，其規模較大者如下：

（一）蘇州百貨公司，地址：北局

建築：宏大，爲蘇州最大建築物部份：

一、青年俱樂部：（內有電影、茶室、舞座、彈子房、乒乓室、廣播電台、補習學校、閱覽室等）爲青年軍主持。

二、營業部：內中均由各商人租借地方，成立各種購買部（即房屋爲官家掌握，而營業資本爲商人的）。

（二）大中國百貨商場　地址：閶門外石路
（三）新新百貨公司　地址觀前街
（四）正豐昌百貨批發所　地址：東中市
（五）裕昌祥百貨批發所　地址：閶門內下塘
（六）大中華橡膠百貨號　地址：閶門外石路
（七）勝利橡膠發行所　地址：閶門外石路

戊　麵粉業

—71—

A 麵粉廠

一、蘇州麵粉廠
地址：胥門外棗市街
辦事處：永德里內
設備：六〇寸及四〇〇寸磨子八部
產量：二四〇〇包（每天二四小時計算）

二、太和麵粉廠
地址：閶門外覓渡橋
辦事處：承德里三二號
經理：蔡漱岑　協理：陶壽毅
資本性質：股份有限公司
設備：六〇寸及四〇〇寸磨子十二部
產量：三一二〇包

三、新華麵粉廠
地址：棗市街六〇號
經理室：觀前街一二一號
經理：張慶尊
資本性質：股份有限公司
設備：沙立斯式磨子五部
　馬力一八一
產量：一三五〇包

四、大新麵粉廠

—72—

地址：撥市街六七號
辦事處：觀前街拱杆里四號
經理：薛鑄瀾
資本性質：合夥經營
設備：二四〇寸磨子二部
產量：九六〇包

五、元和麵粉廠
地址：齊門外大街
經理：顧鼎元
設備：二四〇寸磨子六部
產量：四七〇包

六、新裕麵粉廠
地址：盤門外大馬路八四四號
設備：二四〇寸磨子五部
每天產粉量：四一〇包

七、恆豐裕麵粉廠
設備：中國式磨子
產量：三三八包

八、大有麵粉廠
設備：中國式磨子四部
產量：三二〇包

九、公興麵粉廠
地址：齊門外皋亭街

—— 73 ——

十、立興電機製粉廠
地址：萬人碼頭三四號
十一、五和製粉社
地址：婁門外大街
十二、九豐麵粉公司
地址：山塘街堍四六號
十三、大新麵粉廠批發所
地址：閶門外鮎魚墩

B　麵粉號

一、聯和永粉號
二、嚴詠茂粉號
三、餘壽麵粉號
四、人和麵粉號
五、元盛粉麩號
六、同盛昌粉麩號
七、協盛新粉麩號
八、恆豐辛記粉麩號
九、茂昌粉麩號
一〇、泰豐粉麩號
一一、源泰粉麩號
一二、增甯粉麩號
一三、廣昌粉麩號

—74—

一四、德發粉麩號

己 米粮業

A、米廠

一、大德興米廠　地址：東北塘張香橋下塘電話一三五三
二、天豐米廠　地址：山塘街綠水橋西電話八六七
三、天豐米廠　地址：上塘街一二九號電話二〇四三
四、乾大亨米廠　地址：閶門內西街電話九四三
五、張順泰米廠　地址：齊門外南馬路下塘電話一一二四三
六、通志米廠　地址：二門口三二號電話二一三七
七、仙豐米廠　地址：虎邱望山橋電話五九三
八、裕新米廠　地址：婁門內水河香橋電話一〇六五
九、裕豐米廠　地址：山塘街普濟橋五三六號電話一六九五
一〇、鼎豐盛米廠　地址：南濠街一六一號電話二〇七〇
一一、福新米廠　地址：婁門內二門口電話四七六
一二、農信米廠　地址：婁門外永安橋大街電話六一四
一三、衡元米廠　地址：胥門外覓市街電話一二七七

B、米粮行

米行及粮行，城區在六十五家以上，內以下列各行資本規模較為宏大：

一、豐源增米行
地址：葑門外西街三五號

資本：約一〇〇〇石

二、萬源昌米行
地址：葑門外横街三三一號
資本：約五四〇石

三、王大源米行
地址：葑門外
資本：約八〇〇石

四、齊正隆米行
地址：婁門大街

五、振裕德記米行
地址：大成坊巷九一號

庚 煤鐵業

A 煤鐵廠

一、包山煤礦股份有限公司
地址：西中市一三三號
辦事處：南濠街二七二號
礦場：洞庭西山包山
堆棧：鐵瓶巷六〇號
情況：初由日人採辦，現歸民營，以辦理不善，現已停頓。

二、國華煤球廠
地址：胥門外萬年橋

三、大成煤業公司
地址：關門外蚪罹渡
四、羅永泰鐵工廠
地址：金門外南新路一三三號
五、五福翻砂廠
地址：下門內官庫巷四號
六、大昌鐵廠
地址：鎮市上下塘一六號
七、華南煤業公司
地址：南濠街二八四號

B　煤鐵號

城區煤鐵號二〇家以上，簡錄五家如下：
一、協泰昌煤鐵號
地址：山塘新民橋
二、元昌鐵號
地址：萬年橋大街
三、義大煤號
地址：中正路五一〇號
四、倪松記煤號
地址：南新橋東堍
五、永公煤號
地址：南新路三六號

—77—

辛 油業

A 油廠坊

一、九成油坊　楓橋九號　電話一六一號
二、振大油廠　胥門外皇亭街　電話一五九七
三、祥生油廠　胥門外泰讓橋沿河一號　電話一八三四
四、通義協油坊　山塘油車弄　電話一五五
五、源昌仁油坊　桼市街四八號　電話二三五
六、義隆和油坊　婁門外官瀆橋　電話二六五
七、鴻潤油廠　齊門外裏河橋五號　電話七八九
八、振大榨油、碾礱廠　盤門外裕棠橋河沿　電話一一五七
九、祥泰昌桐油榨坊　南濠街二四六號　電話四五六
十、萬昌福油廠　胥門外小日暉橋　電話一〇八一
十一、福信昌復記油廠　南濠街二八〇號　電話八八九、一六四八

B 油行號

城區油行號約卅五家以上，簡錄較大者六家如下：

一、全豐昌油行
　地址：泰讓橋
二、同興油行
　地址：閶門外下塘街
三、元大昌油行

地址：南濠街二二九號

四、同昌油餅號
地址：萬年橋

五、福泰油行
地址：胥門外萬年橋

六、義泰昌油行
地址：萬年橋大街

壬 火柴、皂燭業

大同皂燭廠 地址閶門外上塘街四八號 電話二〇五七
大新皂燭廠 地址金門內石塔頭 電話二二七七
中南火柴廠 地址留園馬路蓬來世界原址 電話四七一 廠長 李××
民生火柴廠 地址閶門外大馬路一七八號 電話二五四
明明火柴公司 地址中山吉三九號 電話一二五
祥茂祥皂燭廠 地址金門外橫馬路一三八號 電話八一五
鴻生火柴廠 地址胥門外皇二街四號 電話八三
地址胥門外大馬路七一一號 電話二三二九 總經理劉鴻生 一〇五一
城內辦事處 地址廟堂巷五七號 電話二三二八

癸 倉庫糧棧

（聯勤部及田糧處倉庫另詳各該單位）

一、提倉

—79—

江蘇省農民銀行蘇州分行設立：

A、陳慕農業倉庫，主任蔡華錦

B、唯亭農業倉庫，主任歸慮里

C、甪直農業倉庫，職員姚錦池

D、黃埭農業倉庫，職員張伯威

二、鹽棧

A、永华鹽號倉庫

地址：吳衙場二八號

B、公大官鹽棧

地址：獅林寺巷神道街一三號

三、米棧

A、豐記米棧

地址：閶門外南陽里

B、濮源盛糧棧

地址：葑門外橫街八二號

C、大豐米棧

地址：臯亭街四八號

D、同豐米棧

地址：泰伯廟橋下塘

E、同豐協米棧

地址：棗市街七六號

F、晉豐潤米棧

地址：閶門外上塘街三一三號

—80—

G、義泰米棧

地址：南濠街蔣家弄二號

H、新豐米棧

地址：臨頓路任蔣橋北首二八九號

I、義大米棧

地址：大成坊巷四一號

J、三豐協記米棧

地址：接駕橋九四號

k、洪康堆棧

地址：上塘街六一號

L、元興米棧

地址：宮巷一二八號

子 農場

（一）自力農場 地址：平門路貢裕路農園

（二）點蘇農場 地址：民治路七號

（三）生生農場 地址：滸墅關北津橋弄

丑 合作社

（一）合作行政機構：縣府合作指導室

（二）合作金融機構：中央合作金庫吳縣支庫

（三）合作業務機構：吳縣合作社聯合社，設在觀前街。

—31—

（四）全縣合作社組織：縣聯合社下設有專營合作社二八社，計信用合作社八，即第一至第八信用合作社；生產合作社十六，內蠶業生產合作社五，漁業生產合作社四，茶花、刺繡、皂燭、苗植、蜂蜜、稻麥、磚瓦各一；運銷合作社二，即絲業運銷及蔚溪地貨運銷各一，機關消費合作社三。鄉鎮合作社四一。此外蠶業復成立蠶業生產合作社聯合社。

寅　其他各業

煤油公司為中國煤油公司、美孚行、德士古行等六家。造紙廠兩家：一、華成紙廠設在楓橋；二、大華造紙廠，設在滸墅關。箔坊六家；冶坊七家；茶莊二家；醬園四十餘家；酒坊行棧三十餘家；藥房為華英、中央、亞洲等十餘家；南北貨行三十餘家；山地貨行十餘家；豬行六家以上；魚行九家以上；蛋行七家以上；鴨行三家以上，木行十七家以上；磁器號六家以上；典當在二家以上。（上列數字係就電話簿統計，實數當不止此）各廠坊行號數目繁多，其名從略。

第六部份　文教

一　報社

（一）蘇報
地址：西中市
社長：王柏年，籍常熟，CC份子，僞省參議員
發行人：陳桂清，僞省黨部執行委員，住東大營門。
經理：張達泉
性質：黨營報紙
版式：對開一大張，四版。
銷數：日銷二千份
資產：自設印刷所，（工務主任爲張悟泉）內有對開機二部，新五號銅模一付，鑄字爐一隻。

（二）蘇州日報
地址：閶門內東中市三〇號
董事長：周紹成，僞省黨部委（見三十七年三月十六日報眉，近已抹去）
社長：范君博，國民黨員，縣參議員，救火聯合會理事長，景範中學校長。
副社長兼經理：王柏年。
性質：地方性報紙，闢有吳江新聞欄。
記者：張錫麟等。
銷數：五〇〇〇份
資產：收報机一座，對開機三部。

—83—

（三）蘇州明報

地址：大石頭巷六四號

社長：張叔良，吳縣參議員，任調豐社。

總編輯：郭乃然，縣參議員。

編輯：劉四平，兼蘇民中學教導主任。

資產：收發報機各一，附設印刷所，內有對開機一部。

銷數：五〇〇〇餘份，佔第一位。

（四）江南日報

地址：護前街，另設辦事處於施相公弄內。

社長：嚴欣淇，蘇綸紗廠老板，僞立法委員。

副社長：陳人佐，前電訊局長。

總編輯：沙仲淵，國民黨員，前江蘇省新聞訓練班出身。

銷數：三〇〇〇份。

資產：附設印刷所內，置有捲筒机一部，圓盤機三部，對開机二部，石印二部，鑄字爐一隻，均器材精良。

（五）民主日報蘇州版

地址：承天寺樂[illegible]里一號。

性質：小型四開報紙，本年一月出版。

（六）新聞報蘇州分館　地址：接駕橋八六號　另設駐蘇記者辦事處於宋仙洲巷三一號

（七）大公報蘇州營業處　地址：東中市二四七號

（八）正言報蘇州分館　地址：嘉餘坊三五號

（九）申報蘇州分館　地址：嘉餘坊五號　另設駐蘇記者辦事處於衛前街一七號

（十）東南日報特派員辦事處　地址：中正路五九八號

（十一）前線日報蘇州辦事處　地址：新太監弄新蘇大樓二樓
（十二）時事新報蘇州分部　南新路六六號

二　通訊社

（一）更生通訊社
地址：承德里銀房弄一〇號
電話：一三〇八
背景：保密局蘇州分站

（二）中央社蘇州分社
地址：閶門內下塘街三八五號
電話：一三三九

（三）東南經濟通訊社（因登記不准已停辦）
地址：養學前二三號
社長：王震
背景：前電訊局長陳天佐
性質：偏導經濟新聞
職員：四人
編輯：周明

（四）滬聲新聞社
社長：沙仲虎
律師：嚴咸洪

（五）衛蘇新聞社

— 83 —

社長：殷楽誠
總務主任：金雲鴻
背景：首都衛戍部
性質：特務通訊機關
職員：幾十人（都有短槍）

（六）保健通訊社吳縣分社
主任：歸澄齋（縣保安隊政指）
地址：北局二號
背景：省保安司令部政工處

三 廣播電台

（一）青年電台
地址：北局小公園國貨公司三樓青年俱樂部
主辦機關：青年軍二〇二師政工處與縣黨部合辦
管理員：汪××
性質：用作反動宣傳

（二）社教電台
地址：東北街社教學院內
主辦人：陳禮江（院長）
管理員：汪長之 陸秀常
性質：推廣社會教育

四 學校

甲 大學

（一）私立東吳大學

地址：校本部及文理學院在蘇州天賜莊。
法學院在上海虹口崐山路。

學生數：文理學院八九百人
法學院千餘人。
附中數百人。
共計二千餘人。

行政組織：校長下以校政部爲最高机關，由校長、各院院長、各系主任及教務長、訓導長、工務長、會計主任、體育主任組織之。

性質或黨派背景：教會學校，屬美國衛理公會。

校產設備：房屋：教室四層樓大洋房二幢，宿舍四層樓大洋房二幢，三層樓洋房一幢，二層樓二幢。體育館一幢 健身房設備齊全，並附有浴室及游泳池。教職員宿舍中小洋房十餘幢。器機房及雜屋多幢。

校內有發電機與自來水設備，可供全校水電。圖書館舍一幢，內藏書以自然科學方面較多，尤以數理方面，內有二次大戰後新著作。科學儀器有各種倍數的顯微鏡一百餘架。該校生物系在國內開設最早，全國各大學生物實驗材料多由該校生物材料室供給，頗負盛名。

經費來源：過去美國教會方面津貼甚多，近年來美國捐款不踴躍，經費來源銳減，迭經僞教育部撥款補助。其他校具設備，仍多來自美國捐助者。

校政設施：文學院內設政治、經濟、社會、中文、外文五系。理學院內設生物、物理、化學、化工四系。附設醫預科，（協和醫學院特約設立，三年畢業後，專投考該院正科）護預科（亦由協和特約設立，性質同上）。法學院內設法律、會計二系，及司法、行政法學、國際法學三組。（法學院在上海，行政上有獨立性，院長盛振爲，教務長鄂森）。

校長：楊永清，顧維鈞、顏顯光系，現任聯合國文教理事會副主席？

實際主要負責人是前校長大孩孫（Disen）重要人物

教務長：徐景韓，（男）無黨無派，較開明，不積極，兼任化學、物理系教授，因校長不常蒞蘇，實際有文理學院的主要職權。

訓導長：黃民金（男）爲國民黨三青團有關，尤與吳紹澍關係爲密。黃現任上海市參議員，即受吳支配，在校內壓迫進步同學很厲害。

總務長：牛蔭璞，黃仁霖系兼附中主任。

校董：黃仁霖，爲聯勤副總司令兼特勤署長。

伍克家，上海商業銀行總經理，屬陳光甫系。創辦歷史及沿革。

講師教授：校內教授多係基督教徒，思想偏右，但與僞黨團甚少結納。惟訓導長與秘書長均係黃仁霖系人物，在校內可謂甚大，表現頗爲反動。餘有二、三講師助教與當地僞黨團有關。

學生：成份，校內黨特以及蘇一地三青份子。

校風特徵：蘇大在戰前是一貴族學校，戰後雖稍不同，大部學生家境優裕多半是上海金融及各業富商和宦官的子弟，及京滬線之縣地主富商之子女，生活奢侈闊綽，對時局漠不關心，政治覺悟不高，而且膽小怕事，所以校內雖不乏進步同學，但對每次學運，均不能發展，深入廣泛。　蘇州黨特控制很嚴，蘇州又缺乏有力友軍，更無法轟轟烈烈的展開，只從生活中一點一滴做起，如：膳食委員會、座談會、研究會、文娛晚會、辦壁報等。與黨特少有衝突，去年夏天始因某事件發生，上海部份（指法學院）學運則比較積極。

（二）國立河南大學

地址：中正路舊督署綏靖公署

校址分散在虎邱附近

學生數：全校學生原有二千餘人，去夏開封解放，嵇文甫教授等率師生一部抵達解放區，其餘南遷蘇州復課，現僅千餘人。

校政設施：該校分設六院、十五系

（一）文學院：分文史、教育、外文三系。（院址：錢瓶巷）

（二）理學院：分數理、化學、生物三系。

（三）法學院：分法律、政治、經濟三系。（院址：潘儒巷）

（四）農學院：分農學、園藝、桑林三系。（院址：西北街跨塘橋）

（五）工學院：分土木、機械、水利三系。並附設高級工業職業學校。（院址：平江路）

（六）醫學院：不分科系，附設高級助產學校及護士學校，並設醫院、產院，以供實習。（院址：滄浪亭附近）

校長下分設教務處（包括註冊組、出版組、圖書館、社教推行委員會）

訓導處（包括生活管理、課外活動、體育衛生三組）

總務處（包括文書、庶務出納、貸金審查委員會三室及會計室）

校長：姚從吾

創辦歷史及沿革：三十七年夏，開封一度解放後，南遷蘇州現址。該校係於三十一年就河南省立河南大學改組設立。

（三）國立社會教育學院

地址：蘇州東北街拙政園（明朝名園、曾爲忠王李秀成宮邸）

學生：千餘人。

校產設備：

（一）圖書館：藏各系科有關圖書計二萬冊，內有萬有文庫、廿四史、叢書集成、十三經、三通；另有西文書籍，如各種英文字典、年報、法令彙編等。

—89—

（二）儀器：小型電影放映機，小型電影拍製机，各種無線電收音機，鋼琴五架，石膏像若干。

（三）實驗廣播電台一座。

校政設施：院長，秘書長下設：

總務處：註冊、文書、庶務、出納、合作社等組。

教務處：社會教育系，社會事業系，新聞系，圖書博物系，電化教育系，藝術教育系，國語專修科。

訓導處：生活指導，課外活動，體育衛生三組。各系科組訓教育。

推廣委員會：民衆教育組，並設有民衆補習學校，假中山堂授課，分初中、高中二部。

研究部：

校長：陳禮江，男，江西人，國民黨CC份子，陳立夫長教時，任教部社會教育司長。

重要人物：秘書長陳××，男，校長本家族叔，親信。

訓導長許公鑑，男，國民黨員，思想極反動。

代教務長王欽爲，男，以前任該校教務長。

社會教育系主任杜佑用，曾任英師大學校長。

社會事業系主任劉及辰，以研究勞工問題見稱，曾著有「資本主義批判」一書。另一說爲吳任泉，日本早稻田大學畢業。

新聞系主任馬蔭良，曾任申報經理，屬自由主義份子。

圖書博物系主任汪長炳，曾任武昌圖書館專科學校教育主任，留美，思想上比較傾向資本主義。

電化教育系主任汪懋之，思想較反動。

藝術教育系分三組：

音樂組主任應尙能，思想保守。

戲劇組主任谷劍塵，CC系，戲劇家，思想頑固，反動。

美術組主任姓名不詳。

教授中開明的爲許傑、趙越、劉及辰、古楳、呂能華、祝嘉、紀庸、范雲遷、馬蔭良、戴啓復；保守或頑固的爲王士剛、朱亦松、蕭哉芳等。

創辦歷史及沿革：該校戰時曾遷重慶璧山，勝利後於一九四六年九月遷滬蘇州現址。南京棲霞山設有新生部，主任湯藩田，係國民黨員。

校刊：「社會教育」，主要是報導學校新聞，推廣社教。

學生：成份——一半來自京滬線，一半係由內地各省來蘇者，其中頗多進步份子，惟在三青控制下，學運沉寂。

校風特徵：該校除學生自治會及系科代表大會外，學生活動計有：

一、婦女社，出有壁報「婦女週刊」。

二、TML音樂會，出有「生活」壁報。

三、基敎團契，出有壁報「光」。

四、新聞系同學出有壁報「燈」。

黨特份子組織爲青年風社及青年軍通訊小組，共刊物爲「青年風」及「勁風」報二種，內中活動份子爲郭伯庸（中統）、王本良（青年軍）、李左彰、李友蓮、白耀鑫、王端東、陳昌炳等。

備註：據該校滬江同學龐樸談，自上年底局勢緊張後，黨特份子紛紛聞風遠颺，現該校已成立應變委員會。由學生自治會聯合敎職員聯誼會同校方交涉，以一部應變經費，購儲糧米，並添置槍械，以備必要時保護學校。

（四）私立焦作工學院

地址：原設洛陽西林

學生：約二百人

校政設施：現設採礦工程及冶金工程二學系，及先修班一班。
校長：張清漣 二十二年起任職迄今。
創辦歷史沿革：焦作中福附設，一九四八年遷蘇，該校就焦作福中礦務大學，由福中採礦公司於二十年四月改設，經費除撥付一部外，餘由教育部及河南省補助。抗戰後，校址改定洛陽關林。

乙 專科學校

（一）私立蘇州美術專科學校

地址：滄浪亭
校政設施：該校分設西洋畫系、中國畫系、工商美術系三系。
校長：顏文樑，男，爲一西洋畫家，以水彩及油畫見稱。戰前由氏私人創辦該校。
學生：內有一部份同學，思想較進步，表現在壁報刊上。但學生運動則較沉寂。

（二）省立蘇州工業專科學校

地址：城內三元坊，二院設在閶門外留園馬路。
校產設備：紡科有實習工場及完善之洗染機器。土木科有金木工場及完善之測量儀器。
校政設施：分設紡織、土木、機械、建築四科。
校長：鄧邦逖，男，南京人，十四年起任 迄今。
紡織科主任：諸侶宵。
創辦歷史沿革：該校於二十一年重行設立。戰時遷滬，現已遷回蘇州原址。並接收敵僞省立蘇州職業學校，闢爲二院，辦理頗有成績，有聲於京滬線上。
學生：功課很緊，學生很少活動。
附二院：

分設土木工程、應用化學、電機工程三科，另附設商科。

校　長：薛天遊，男，五二歲，吳江人，住蘇州同里鎮。

教務主任：程庚祚，字明德，男，四七歲，東台人。通信處：蘇州大太平巷三七號，孫孝曹轉東台石塔巷二號。

訓導主任：湯炳蕃，號玄因，男，四三歲，南京人。通信處：蘇州濂溪坊一二三號。

事務主任：程寄芳，男，五十二歲，無錫人。通信處：蘇州天庫前一百號。

註冊主任：徐子榮，號少千，男，四〇歲，鹽城人。

省立蠶絲專科學校

地　址：滸墅關。

校產設備：

一、蠶桑實習場，蠶室八十間，桑園二百畝，冰庫一座，年製普通蠶種二萬張，原種一萬張。

二、製絲實習場，繅絲車七十二部，多繅車三十二部，及煮繭機等設備，年可繅絲五百餘担。

三、化學實驗室

四、生物實驗室

五、儀器標本室：物理、化學、生物儀器計二百餘種。

六、圖書室：計共二七四七冊。

校政設施：分設養蠶、製絲兩科。

校　長：鄭辟疆，男，嘉興人，住址本校，別號紫卿，長該校已二十餘年，七十歲。

教務主任：俞懋謙，男，四四歲，江陰人，住本校。

訓育主任：蔣粹英，女，五一歲，江陰人，住本校。

事務主任：錢小雲，男，四〇歲，吳江人，住吳江同里西街。

蠶種科實驗場主任：李士良，男，三六歲，江陰人，專習蠶絲，樸實勤勞，畢生致力蠶絲事業。通

—93—

推廣部主任：費達生，女，四八歲，吳江人，住本校。民盟費孝通教授及費振東（民盟新加坡机關報社長，去夏被驅抵港）的姐姐，留日，專研蠶絲。

創辦歷史及沿革：

創立於廿四年八月，以培養蠶絲專門技術人材爲目標。抗戰後，於廿七年遷往四川樂山，三十五年遷返滸墅原址。

（四）國防部測量學校

地址：蘇州

校產設備：有天文台，授時站，紹倫測距實驗室，動磁力實驗室，地圖模型製造實驗室，航空量測實驗室，（可供二十人實習）製印實驗室，地圖編繪實驗室，測量儀器製造實驗室，測量理化實驗室。

校政設施：該校學制爲四年畢業的大學程度，列爲新制軍校的特種學校。

正班分設航空測量、大地測量、地形測量、製圖、測量儀器製造、海道測量、氣象測量等七系。

另有大學部，招收高中畢業學生，在院肄業四年，研究部招收大學畢業服務二年的人員，研究一年至二年。同時兩部畢業的人均可攻入國防軍事科學研究院。

校長：曹叔謀

教育長：古振今

訓導處科長：宋恩榮，該校合作社經理人。

測量科教官：閔佈裘。

地質學教授：曾鼎乾。

光學講師：趙后麟。

熱工學教授：范從振，中大教授兼測量局總工程師。

創辦歷史及沿革：創辦四四週年，時辦時輟，民國二十年恢復，抗戰期中，遷遷長沙、桂林、鎮甯、貴陽、重慶等地，勝利後，指定蘇州爲永久校址。

丙 師範學校

（一）省立蘇州女子師範

地址：葑門外新橋巷

校長：俞鈺，女，五二歲，無錫東門塘人。

教務主任：黃則民，男，五四歲，鎮江人。

訓導主任，吳寶新，女，四〇歲，無錫人。

設施：內分高級師範、初中及附屬小學三部。

學生：八〇〇餘人。

教職員：一〇餘人。

（二）省立蘇州師範

地址：三元坊孔廟。

校長：

設施：僅設高級師範部。

學生：三〇〇餘人。

（三）縣立鄉村師範

地址：黃埭鎮

校長：沈維之，住滾繡坊巷

設施：分本科與簡師二部。

學生：一〇〇餘人。

—98—

教　員：十餘人。

（四）景海女子師範（中學）

地址：東吳大學對面天賜莊。
校長：江貴云，（女）是衛理公會華南區主教，其兄江長川是與蔣介石受洗禮之牧師。
設施：分幼稚師範、初中二部。
教　員：二〇餘人（內有美籍女教員六人）工役十餘人。
設備：西式校房六七幢，面積十餘畝，內有鋼琴室、健身房，儀器很全，設備完美。

丁　職業學校

（一）省立農業職業學校

地址：閶門外下津橋。
校政設施：內設農藝科、園藝科、蠶桑科、農產製造科四科。
校長：馮明典，男，四九歲，嘉定人，住本校，別號晉蕃
教導主任：是其稼　男，四九歲，武進焦溪鎮人。
訓導主任：周應王，男，四九歲，淮陰人，住本校。
事務主任：張補雲，男，五四歲，平湖城內匯上人。
農藝科主任：袁延年，男，三四歲，蘇州護龍街六三七號。
園藝科主任：章君瑜，男，五三歲，蘇州潤冰弄巷網師園。
蠶桑科主任　朱念椿，男，五三歲，蘇州閶門內天庫前十號。
農產製造科主任：丁爾坤，男，四〇歲，宜興人，住無錫褚店
設備：溫室、工場各一。
學生數：二〇〇餘人。

教職員二〇餘人。

（二）省立工業職業學校　閶門外大馬路愛河橋

校長：薛天遊，住同里鎮蔣官橋境。

教職員：六十多名。

科系：應化、電化、土木、紡織四系。

學生：三、四〇〇人。

附註：有馬達二架，經緯儀四架。

（三）省立蠶絲職業學校　滸墅關

校長：

科系：蠶絲、蠶種、桑栽等科。

學生：四、五〇〇人。

附註：設備完善、有汽船一艘。

（四）縣立蠶絲職業學校　光復鎮

校長：趙貫一，住蠶倉巷十六號。

教職員：十人。

工役：三、四人。

學生：一〇〇人。

科系：蠶絲、桑栽二科。

（五）私立安定普通商科　業中學。

地址：晉學前舊長元和學宮旁。

校長：王季玉。

教導主任：張欣，大夏大學教育行政系畢業

— 97 —

（六）私立江南高級助產職業學校。　校址：景德路　校長：莊畏仲

戊　中學

（一）省立蘇州中學
地址：公園路（高中部）
三元坊（初中部）
校政設施：內分高中部、初中部及附屬小學（又稱省立實驗小學）。
學生：一〇〇〇餘人
附教職員名錄：

姓名	年齡	籍貫	職務	永久通訊處
鄭保慈	五四	武進	校長	常州婁羅巷三十六號
顧鍾華	五三	太倉	教務主任高中生物	太倉城內新馬路十二號
葛銘愼	四三	安徽涇縣	訓導主任高中公民	安徽涇縣楊樹灣
范迪甚	四三	靖江	初中部主任高中公民	靖江禮士橋
董志堯	五五	宜興	體育主任高中體育	無錫和橋
陳鳴年	四二	武進	事務主任	無錫周橋
高永昭	三〇	四川	會計主任	鎮江省政府會計處
夏崇璞	五一	吳江	高中導師高中國文	吳江盧墟鎮南宴家浜
胡耐安	五〇	安徽	高中導師高中國文	安徽涇縣溪頭都壢園
周服	五〇	江陰	高中導師高中國文	蘇州城內言橋更子巷二號
李詠章	五八	濮江相鄉	高中國文	桐鄉嬰堂橋六號
沈榮齡	四九	吳江	初中國文	蘇州唐家巷二十六號

汪定彝	五一	吳縣	初中導師高初中國文	蘇州十全街一三七號
劉壬林	六〇	鎮江	初中導師高初中國文	蘇州大儒巷三十二號
俞啓超	四八	崑山	初中導師高初中國文	崑山南大街徐泰山堂
郭翼舟	四四	江陰	初中導師高初中英文	無錫楊舍鎮
張景魚	三九	嘉定	文書主任初中導師國文	嘉定孩兒橋
蔣吟秋	五二	吳縣	高中國文	蘇州平橋直街五十五號
岳良木	四三	湖北	高中英文	蘇州對門忠信橋五號
沈大年	五十	浙江	高中英文	蘇州盤門吉慶街小倉口十九號
彭正育	四七	吳縣		蘇州馬濟良三號
陸滋勇	五六	吳縣		蘇州干將坊一〇九號
黃恭儀	四四	吳縣		蘇州郁廓針巷卅一號
吳一民	三六	宜興		上海北四川路仁智里四七號
毛禮垣	三一	吳江	初中英文	南京白下路審計部毛筱沉轉
余松年	三二	吳縣		蘇州體育場路潔里六號
馮伯陶	二五	武進		常州日新街五號
張元鼎	四二	雅安		本院三院
胡鵬	三四	四川		四川成都南沙帽街
吳卅山	三五	泰縣		本校
陸懷祖	三五	吳縣		蘇州景德路一六二號
鄭懋達	三三	廣東		廣東海南島濰縣臨高市
曹穎深	三四	湖南		湖南長沙東鄉梨梨市白竹塘
沈雪聲	三四	吳江		蘇州周莊鎮後港
袁燮	四九	寶山		本院一院

—99—

韓介炯	四一	吳縣		蘇州平橋直街十八號
王壽賓	四二	浙江		上海金山路四三號
田壽生	四六	六合		六合縣文昌街二十一號
劉煥森	四三	鎮江		鎮江北外大王廟街四〇號
周志瑞	三五	宜興		蘇州帶城橋闕家頭巷三十一號
許嘉麟		吳縣		本校轉
鄒寓詒	二七	武進		常州麥粒巷三十六號
胡繼功	五〇	江陰		蘇州金獅巷九號
吳[illegible]	三一	嘉興		蘇州帶城橋闕頭巷三十一號
李宮培	三[illegible]	吳縣		蘇州盛家浜十三號
蔣乾覺	四六	武進		無錫周橋
蕭秀中	四五	南京		南京西石壩街二七號
陸鳴球	五四	江陰		蘇州臨頓街七八三號
蕭鴻生	五七	江陰	高初中歷史地理	蘇州定慧寺巷十五號
汪志瑞	四八	吳縣	高中歷史	蘇州東采蓮巷五號
嚴　莊	五二	吳縣		蘇州小橋直街六九號
黎[illegible]明	四四	無錫		蘇州十梓街梓園弄京德里二號
馮遠夫	五三	宜興		宜興扶風橋鎮夏芳橋
方挹清	四〇	江陰		蘇州十全街五十八號
翟[illegible]農	四七	江陰		蘇州三元坊省立實驗小學
徐　鐵	三四	浙江		上海八里橋街一三五號
倪澹如	四四	鎮江	東吳教官高中常務導師	鎮江北門外華慶恆號轉
鄭宋毅	三七	南京		蘇州帶城橋闕家頭巷三十一號

—100—

王佑棨	四〇	丹陽		蘇州讀書灣三十號
[illegible]	三七	泰興		泰興陳巷李宅
張[illegible]文	四二	宜興		無錫和橋下塘萬大號
陳[illegible]	三五	武進		無錫周橋
萬 川	二七	武進	會計員初中會計肄[illegible]	武進東安鎮
[illegible]	五四	武進	校醫	蘇州衛前街一號
沈之[illegible]	[illegible]	靖江	出納員	靖江東大街
[illegible]	[illegible]七	吳縣		吳縣周莊鎮港
[illegible]	二七	江浦		江浦城內西門二〇號
[illegible] 寅	二六	吳縣		蘇州三多巷[illegible]園弄三號
[illegible]	[illegible]七	靖江	介務員	靖江北門外小兔子橋
[illegible]	[illegible]四	淮安		本校三號
[illegible]	[illegible]九	寶山		本校一號
[illegible]	四八	吳江	事務員	吳江同里鎮南[illegible]杆
[illegible]	[illegible]四	吳江	[illegible]寫員	蘇州十全街九十四號
[illegible]	[illegible]六	宜興	事務員	武進南夏墅鎮
[illegible]	[illegible]	桐城	[illegible]寫員	安徽安慶東門自鳴巷七號
[illegible]	四一	吳縣	同前	蘇州金獅巷十八號
[illegible]	[illegible]	武進	同前	武進魏村鎮源[illegible]樽坊
[illegible]	[illegible]	丹徒	同前	蘇州大太平巷六十六號
[illegible]	六七	淮安	同前	本校五號

(三)[illegible]

—101—

校長：陸檥宜，住滾繡坊
教職員：二十餘人
學生七百餘人
設備：教室十餘所；並置有顯微鏡一架。

（三）聖光中學
地址：平門外四攤渡
性質：教會設立
學生數：一五〇餘人
校舍設備：校舍外有少許圖書儀器設備。
經濟來源：美國內地會與國內官僚資本家（如偽國府委員及 中央銀行副總裁等）捐助
校政設施：分設高中、初中、附小三部。
校長：尹任先
副校長：王省三
董事長：張治中
董事：梅貽琳、關憲民

（四）桃塢中學　　校址　桃花塢大街底
校長：錢基云，國民黨員。
性質：聖公會主辦
教員：一多人。
學生：五百多人。
註：西式房屋七、八幢，六畝田面積。
圖書館（內有四庫全書一部）。
健身房及禮堂各一所，操場八、九畝田大。

—102—

內設小學部。 校址 譙衙前

（五）崇城中學

校長：程之初，國民黨員。

性質：浸理會主辦。

註：房子六、七所，設備同上。

有美籍麥加其的兒子在內任職。

學生：七、八百名。

（六）有原中學（震且大學附中）

校址：東北街六四號

校長：錢守瑛。

性質：教會設立天主教辦（內有教堂一所）。

註：另有女子部在大新巷五七號。

在校附近有宿舍三處。

（七）振勵中學

校址：馬醫科二〇號。

校長：（不明），教員十多人，學生二〇〇餘人。

性質：衛理公會辦，附有小學部。

（八）樂群中學

校址：公園路石橋弄。（胥櫺下塘）

校長：金志仁，國民黨員。

性質：衛理公會辦，教職員及役工各十餘人。

校址 面積五畝些。

（九）英華女中（初中）

—108—

校址：嘉家花園五號及養育巷二處。

校長：李明珠。

教員十餘人，學生一五〇人。

（十）慧靈女子中學

校址：謝衙前七四號（晏城對面）。

校長：董美娥，國民黨員。

性質：浸理堂辦。

註：校地面積七畝大，內有美人雷小姐，與晏城有聯系。

附小學校。

（十一）萃英中學

校址：閶門外義慈巷一號。

校長：白本立（美人）。（又說是葛鴻鈞）

性質：長老會辦，教員（王升年等教徒多）、工役各十餘人，學生數五百人左右。

校地面積七畝樣子。

（十二）振華女中學部　帶城橋下塘

振華女小學部　孔付司巷一號。

（十三）東吳附屬中學　校址：在東吳大學校內。

（十四）嶶善中學　校址：因果巷六三號。

（十五）伯樂中學　校址：城內長洲路四三號。

校長：朱家積（魯慶），僞吳縣參議員。

董事長：嚴欣淇（僞參議長）。

學生：七百多人。

分、科：高初中二部。

圖書儀器，很好，新近添置。

（十六）蘇美中學　　古吳路四八號
（十七）河濱中學　　在皇廢基×
（十八）純一中學　　高師巷三一號
（十九）樂益女子中學　　元和路三一號
（二十）光華中學　　不明
（廿一）青年中學　　西美巷二十號
（廿二）吳光中學　　南新街塊
（廿三）蘇氏中學　　僅初中　校長：季吉人
（廿四）抗戰子弟遺族學校
（廿五）吳城中學

己　小學及中心小學

A、縣立的

韓耕小學　　校址：縣衙前
校長：馮志亮
二四級，教員四〇餘人。
學生一千餘名，設備全蘇第一。

平江小學　　校址：平江路口新學前
校長：黃滌之，江陰人
十四級，教職員二〇餘人
學生六、七百人，設備完善

—103—

大儒小學
校長：朱洪欽，住倉街。（有時住校中）
十八級，教職員三二人
學生一千餘人，設備較完全

金閶小學　　　　校址：金門內口
校長：鄭輔光
教職員二九人
學生七、八百人
設備不好

平直小學　　　　平直街
校長：黃剛，國特，住曹胡徐巷東口
十六級，學生七、八百人，設備平常

北街中心校　　　　西北街
校長：張一貫，女師畢業
九級，學生四〇〇多人
教職員十幾人

海紅小學　　　　海紅坊
校長：張慈農，轉業軍官
九級，學生四、五〇〇人
教職員十餘人

昇平小學　　　　剪金橋巷
校長：周佩玉，區長補帶
十級，學生六、七百人

敎職員約二〇人

千將小學　千將坊

校長：顧壽鑾，國民黨員。

十餘級，學生六、七百人。

敎職員二〇多人。

帶城小學　帶城橋

校長．周耕庸，住三茅觀巷

一〇級，學生四〇〇多人

敎職員十五、六人

齊溪小學　齊門外下塘

校長：傅義明，轉業軍官

五級，學生二〇〇多人

敎職員七人

盤溪小學　盤門外

校長：謝珍如

六級，學生六、七〇〇人

敎職員一〇餘人

葑溪小學　葑門外草鞋灣

胥口小學　胥門外大馬路

校長：胡琴蓀，投機份子，住倉米巷四七號

一〇級，學生五、六〇〇人

敎職員一〇餘人

春申小學　包衙前

—107—

校長：姚任龍
一三級，學生五、六〇〇人
教職員二〇人

婁江中心校　婁門外後大街
校長：姚洪逵，投機份子
一〇級，學生三、四〇〇人
教職員十餘人

省立實驗小學　三元坊上院公園路口
校長：顧敦颺，江陰人，胆小
二〇級，教職員三十餘人
設備完善

蘇女師附小，　盤門小日會
校長：紀鐵秀，女。
八級，學生四〇〇人。
教職員二一人。
設備完善。

㈢　私立的

建國小學　元和路
校長：寇秀娥，經費三青團有津貼。
四級。

惠民小學　石皮巷
詩禮小學　祥符寺巷
校長：陳人驥

—103—

振華小學　葑門內
務初小學　舊學前
中行小學　齊門外西匯路
校長：金亦明，木行主辦
四級。
尚志小學　舊學前
校長：中魏蒹主辦
四級
私立蘇綸小學
地址：盤門外
學生數：七二八人
校舍設備：校舍本年一月新落成，設備完善。
經濟來源：該校由蘇綸紗廠所設立，經濟由廠供給，為該廠員工福利事業之一部。
校政設施：校內分設十四教室授課，包括六個學級及幼稚班在內。教職員二十七人，待遇與紗廠職員同，照生活指數計算，可稱優渥。
校長：吳島崑，男，留美博士。
副校長：濮秉鈞，男，無錫人，無錫教育界開明份子。
學生中員工子弟三七九人，佔全校學生百分之五十二，學費一律免收。

五　社教機關

（一）省立圖書館：（滄浪亭）
性質：官辦
主管人：蔣吟秋（一名鏡寰），國民黨員，東大教授，法書學者。（名望很高，有清廉之風）

—109—

藏書：一〇〇〇〇冊以上
歷史：二十餘年

（二）縣立圖書館：
性質：官辦　　（公園路）
主管人：朱公振，常熟人，住中正路速花庵附近
藏書：五〇〇〇冊以上
歷史：二十餘年

（三）文心圖書館：
性質：私立的，係蘇州職業、學生、教員合辦的，團結蘇州前進青年。
館長：吳石牧二職教員）（高
地址：護龍街六〇七號
藏書：一〇〇〇〇冊以上
政治態度：左傾，同情革命
歷史：二年半（中正路六八六號）

（四）大地圖書館：
性質：私立的，係蘇州學生、教員合辦的。
館長：張文英（蘇中學生）
地址：城內劉家濱
藏書：二〇〇〇冊以上
歷史：一年年

（五）辰士圖書館：
地址：木瀆
性質：地方性

— 110 —

背景：依靠地方扶助
歷史：十餘年
負責人：韋照、王建士。

（六）行知圖書館：
地址：中正路四四三號
負責人：陳冠零
藏書：二〇〇〇冊以上

（七）吳縣民衆教育館：
地址：舊學前（一作因果巷）
館長：陳祖德

（八）縣立公共體育場
地址：

（九）縣立中正公園
地址：公園路

六、書店

（一）建國書店
地址：城內景德路二七四號
主辦者　僞中央黨部駐蘇辦事處

（二）中國文化服務社
地址：宮巷三六號

—111—

性質：官辦文化出版机關

（三）青年書店

地址：中正路怡園隔壁

沿革：該店原名年青書店，因經售較進步書籍，被國特、三青注意，被迫改名。

（四）大同書局

地址：城內護龍街六〇七號

（五）文怡書局

地址：觀前大街

（六）大業書店

地址：中正路

店主：有國特嫌疑，專以進步書籍招徠讀者，意在試探。

（七）五洲書店

地址

（八）獨立出版社

地址：中正路幽蘭巷北南口

主辦者：爲三青團員，經售反動書籍。

七、印刷所

（一）文星印刷社　地址：馬醫科三五號

（二）文藝印務局　地址：大成坊巷八五號

（三）文條鑫記印務局　地址：太監弄

（四）毛上珍印書館　地址：臨頓路五一五號

(五)永錫祥印刷紙號　地址：宮巷六一號
(六)立新五彩印刷廠　地址：西中市四九號
(七)有美印刷局　地址：景德路二一六號
(八)早報社第二印刷廠　地址：東白塔子巷三二號
(九)利蘇印書社　地址：景德路五六號
(十)萃成祥印刷所　地址：府前街一八號
(十一)華成印刷所　地址：中正路二八〇號
(十二)饑源齋印刷所　地址：西中市一四八號

第七部份 社會

一、社會團體

甲 匪偽法定團體

（一）吳縣總工會　　地址：祥符寺巷八九號

理事長：朱錫卿　（前任爲汪文煥，近已當選參議會副議長）

屬會：蘇州電廠產業工會

吳縣造紙業產業工會

吳縣繅絲業產業工會

吳縣船員工會

吳縣紗廠業產業工會

吳縣浴業職業工會

吳縣刨蓆業職業工會

吳縣屠宰業職業工會

吳縣製鞋業職業工會

吳縣水木業職業工會

吳縣布業職業工會

吳縣人力車業職業工會

吳縣麵粉廠業產業工會

吳縣飯菜館業職業工會

吳縣瓷窰業產業工會

—114—

吳縣香業職業工會
吳縣木行業職業工會
吳縣絲綸紡織廠產業工會
吳縣旅業職業工會
吳縣火柴業產業工會
吳縣茶食糖果業職業工會
吳縣中藥業職業工會
吳縣理髮業職業工會
吳縣醬業職業工會
吳縣豆腐業職業工會
吳縣木器業職業工會
吳縣戲院業職業工會
吳縣燭業職業工會
吳縣米業職業工會
吳縣戲衣業職業工會
吳縣針織業產業工會
吳縣壽器業職業工會
吳縣絲帽業職業工會
吳縣水爐業職業工會
吳縣民船船員工會
吳縣茶葉業職業工會

—113—

（二）吳縣縣商會　　地址：百花巷一七號

理事長：前任張詩鵬

理監長：程洪勳（八）

屬會：

吳縣捲烟業商業同業公會

吳縣汽車業同業公會

吳縣絲織業同業公會

吳縣南北海貨雜商業同業公會

吳縣戲院商業同業公會

吳縣粉麩商業同業公會

吳縣糧食商業同業公會

吳縣油餅商業同業公會

吳縣紗線商業同業公會

吳縣綢緞業同業公會

吳縣醃臘商業同業公會

吳縣高粱燒酒業商業同業公會

吳縣汽爐業同業公會

吳縣民船業同業公會

吳縣運輸業同業公會

吳縣衣商業同業公會

吳縣銀行商業同業公會　　地址：承德里四號

吳縣猪行商業同業公會

吳縣電器材料商業同業公會

—116—

吳縣中服縫紉商業同業公會
吳縣西簿業同業公會
吳縣國藥業同業公會
吳縣典當業商業公會
吳縣書坊業同業公會
吳縣鮮肉業同業公會
吳縣齒工業商業公會
吳縣菜飯館業同業公會
吳縣成衣業同業公會
吳縣日報商業同業公會
吳縣錢業同業公會　地址：西中市九〇號
吳縣土布業同業公會　地址：承德里銀房弄四號
吳縣人力車貨貸業同業公會　地址：干將坊一一六號

（三）吳縣縣農會
地址：觀前街五〇號
負責人：朱錫鈞，幫會人物。　地址

（四）吳縣婦女會
理事長　許憲明，僞國大代表，丈夫曾做吳縣縣長
理　事　孔美志

（五）吳縣縣教育會
地址：大成坊巷八號
理事長：范公任
常務理事：馮志亮、夏且提

—117—

乙　自由職業團體

（一）吳縣醫師公會
地址：大儒巷中

（二）吳縣律師公會　地址：

（三）吳縣新聞記者公會　地址：

丙　其他社團

（一）吳縣地方協會
地址：觀前街一六七號

（二）吳縣田業改進會
地址：玄妙觀義衣眞人殿

（三）吳縣體育協會
地址：邵磨針巷

（四）榮社蘇州分社
地址：臨頓路四五七號（電話一一五八一號）
性質：青幫外圍組織　主辦者：青幫領袖黃金榮

（五）軍之友蘇州分社
地址：城內北局蘭花六號半

（六）俠誼社
地址：大井巷樂鄉飯店對面。
社員：人數約二〇〇，成份以流氓爲主。　性質：軍統外圍組織。

—118—

（七）國際扶輪社
地址：西美巷　　理事長：嚴欣淇
（八）青年誠社
性質：招收門徒　　負責人：張少華
（九）基督教青年會
地址：北局國貨公司對面
負責人：史有志（蘇州外僑領袖，沙利文麵包廠老板）
關係：屬上海青年會
會員：人數不詳
設備：洋房一幢（禮教會財產），內設閱報室、鋼琴室、彈子房，青年會補習社。
（十）青年互助社
性質：三青團外圍組織
分社：普設全縣
社員：五〇〇〇人
（十一）誠社
地址：中正路中正郵局附近
負責人：王叔介
社員：二、三百人，成份以流氓為多。
（十二）中華健康學會
地址：玄妙觀中山堂
負責人：劉勳淼（少將）
會員：一百餘人，成份下層份子為多
（十三）蘇州演劇研究社

—115—

社址：衛司空巷（西頭）
負責人：顧篤璜 葛美芬
組織：內分歌詠組、舞蹈組
社員：人數五六十人。
成份：大多是學校青年和知識份子。

（十四）文聯社

一、社址：西北街石皮弄三七號
二、負責人：潘炎吟
三、社員成份：以學校學生爲多
四、註：其中有顧治中、顧德基思想反動，出版過油印叢刊多期。

（十五）嚶聲歌詠團

一、負責人：
1，團長汪毓華（女），年約二三歲，蘇州人，東吳大學外文系三年級生，自由主義份子，贊成革命，但不敢參加革命，愛好文藝，沒有背景。
2，幹事汪毓和（毓華之弟）
二、團員人數：九〇多人，有十多人在外埠仍和團保持聯絡
三、註：
1，這團的控制者是羣社
2，羣社份子參加者計有黄琭、李搢華、鄭華、張志芬。

（十六）羣社（據說羣衆性民主愛國組織）

—— 120 ——

一、參加人數：紀知行、曹璟、李增華、鄒蓀（已到華中去學習）、吳大畏（同上）、張志芬
二、註：國民黨對此組織極注意

二　醫院與救濟事業

甲　醫院

（一）吳縣公立醫院
地址：滄浪亭
性質：公營
醫療設備：爲蘇州第二，善救蘇甯分署撥發病床九〇張。
經費來源：嚴欣淇、單東笙等十三人任董事，錢大鈞爲名譽董事，由董事會籌款開創。
院長：鄒斯濬　現留美國。
副院長：張書　住平江路。
主要醫師：張卜熊博士、蕭伯宣博士，住大馬路。
業務概況：收容病人住院。
門診部：觀前蘭花街

（二）吳縣衛生院
地址：道堂巷口。（景德路）
性質：公營
房地產：平房（中式）二〇間。
醫療設備：眼科設備較齊全，　床二〇張。
院長：方果。（一作余志龢）

—121—

（三）後方醫院（一〇二師）
地址：定慧寺路。
性質：軍辦

（四）吳縣婦嬰保健院
地址：西海島九九號。
電話：一九二九
院長：吳仲剛
性質：官辦

（五）博習醫院
地址：天賜莊
性質：美國教會創辦
房地產：洋房四層樓一幢，平房不詳。
房地面積：四〇〇畝。
醫藥設備：X光机，病床二〇〇張，病房一百間，有自備發電機，設備爲蘇州等一。
院長：美國人趙樂門
副院長：陳王
經理：石平道
主要醫師：中外醫師甚多。
人員概況：
醫生：二〇人
護士：六〇人
工人：八〇人
附設護士學校

—122—

、（六）博濟醫院
地址：閶門
（七）益民牙病防療院
地址：一院景德路二四五號　電話三〇四一號
二院觀前三門巷　電話九五二二號
性質：私營
醫療設備：有X光機。
院長：柯益民
主要醫師：晉毅、柯志民
（八）江南醫院
地址：景德路一八三號　電話二四六，一四二二號
院長：莊長仲
醫療設備：設備尚佳，僅次博習及縣立醫院。
附設：助產職業學校
（九）懷安診療院
地址：司前街四四號　電話二五四一號。
性質：私營
院長：李懷琳、承談安。
（十）維達醫院
地址：景德路
性質：私營
院長：徐維達。
（一一）東吳醫院

—123—

地址：景德路

（一二）廣仁醫院
地址：臨頓路

（一三）廣慈醫院
地址：閭邱坊

（一四）福音醫院
地址：齊門外洋涇塘。
性質：美教會創辦。
房地產，房屋甚大，紅色建築。

（一五）卜能醫院
地址：閶門外橫馬路。
性質：私營
院長：張卜能

（一六）平濟醫院
地址：桃花塢
性質：私營
院長：陳榮章
主要醫師：產科主任陳辛安

（一七）齊國醫院
地址：中正路
性質：私營

（一八）懷安診療所
地址：司前街

—124—

性質：私營

（一九）蔣育英醫院

地址：大儒巷新弄堂五號

（二〇）光明醫院

地址：調豐巷六二號

（二一）同仁醫院

地址：漱溪坊壽星橋張家弄二號

（二二）惠民醫院

地址：東北街一〇三號

（二三）健中醫院

地址：大成坊巷四九號

（二四）符德醫院

地址：閶門內下塘街二八四號

（二五）益蘇醫院

地址：橫馬路太平坊一一號

（二六）健華醫院

地址：黃鸝坊一二六號

（二七）志華產科醫院

地址：鐘家巷六一號

（二八）興寶毅醫院

地址：東中市崇真宮橋下塘三七二號

（二九）協和醫院

地址：金門新馬路三七號

—125—

（三〇）[illegible]雍醫院
地址：乘馬坡巷東口
（三一）濟華產科醫院
地址：大石頭巷一號
（三二）濟民醫院
地址：金門外新馬路七二號
（三三）蘇州眼科醫院
地址：景德路迴龍閣二二號
（三四）介之醫院
地址：景德路八二號
（三五）如華齒科醫院
地址：黃鸝坊橋一六七號

乙　救濟事業

（一）吳縣救濟院
A、安節局　地址：葑門大新橋巷，收容人數約數十人。
B、育嬰堂　地址：平江路中由吉巷，收容人數約一百餘人。
C、掩埋所　地址：葑門內二門口。分所：壽星橋南堍。
D、養老所　地址：山塘普濟橋下塘，收容人數約一百餘人。
（二）孤兒院
地址：
（三）救火會評表

救火總會會長范公伍（在北局）

- **救火分會（臨江路）**
  - 救火車一輛，發動机一座
  - 救火員（常駐）一〇餘人
- **東區救火會（聚門外周和山）**
  - 負責人　馮企元
  - 汽車一輛，發動機　座
  - 救火員二十多人
  - 分段
    - 東北街——拖車一輛
      - 人數：十人左右
    - 齊心路——救火車一輛
      - 發動機一座
      - 人數：二十人
- **南區救火會（漢門城門口）**
  - 人數　二十人
  - 救火車、發動機各一輛
- **西區救火會（西中市）**
  - 救火車一輛
  - 人數：一〇餘人
  - 分段浦林巷
    - 救火車一輛
    - 人數：一〇餘人
- **北區救火會（北寺塔附近）**
  - 救火車一輛
- **中區救火會（玄妙觀內）**
  - 汽車三輛，發動機三座
  - 人數：四十餘人

—127—

三、教堂、寺院

（一）聖約翰堂（基督教）

地址：天賜莊

規模：宏大

牧師：楊鏡秋

（二）靈糧堂

地址：臨頓路

管理人：趙世光

（三）佈道堂

地址：齊門外齊門大街

（四）樂群社（基督教）

地址：城內宮巷

牧師：錢××

（五）聖經學校

地址：平門內

（六）思恩堂（基督教聚公會）

地址：桃花塢

牧師：朱劍芳

（七）平化堂（基督教浸禮會）

地址：臨頓路文化橋堍

（八）耶穌堂（基督教）

地址：民治路三三號

—128—

牧師：沈樹本

（九）恩村堂（基督教）

地址：養育巷

牧師：程保羅

（一〇）晏成中學教堂（基督教）

地址：謝衙前

牧師：蔡培之

（一一）萃英中學教堂（基督教）

地址：閶門外義慈巷一號

牧師：儲××

（一二） 原中學教堂（天主教）

地址：東北街六四號

（一三）西園寺（佛教）

地址：留園路（詳見古蹟）

（一四）玄妙觀（道教）

地址：觀前街

（一五）靈岩寺（佛教）

地址：靈岩山

四 公共場所

甲 旅社（附旅行社）

—123—

（一）中國旅行社
地址：觀前街一〇九號，電話六五
（二）中國旅行社宿舍
地址：火車站，電話一四二一
（三）南京飯店
地址：橫馬路九六號，電話二六九
（四）南洋飯店
地址．橫馬路一一七號，電話一六九九
（五）皇后飯店
地址：大井巷大井村，電話一〇八七一二八一
（六）神州旅社
地址：閶門外佑聖觀弄口
電話七一八
（七）金城飯店
地址：橫馬路桃源坊口一二號
電：三八四
（八）城中飯店
地址　宮巷六五號
電話八〇
（九）悅來旅社
地址：閶門外同泰坊口
電話四三一
（10）晉陞旅社

地址：閶門外姚家弄三一號　電話一九七五

（一一）國際飯店

地址：中正路一一號

電話一二四五

（一二）湖州大旅社

地址：閶門大馬路小菜場口一四號

電話一八八九

（一三）揚子飯店

地址：閶門外鴨蛋橋四八六號

電話：六二

（一四）三新旅社

地址：閶門外大馬路三一四號

（一五）上海旅社

地址：閶門外阿基橋浜

（一六）大行宮旅社

地址：閶門外姚家弄

（一七）大東旅社

地址：閶門外大馬路

（一八）大蘇旅社

地址：閶門外大馬中

（一九）中央飯店

地址：景德路十號

（二〇）中洲旅社

—131—

地址　廣濟橋四四二號

（二一）中南旅社

地址：橫馬路餘慶里

（二二）中國飯店

地址：觀前街二六九號

（二三）天然飯店

地址：阿黛橋同安坊

（二四）月宮飯店

地址：閶門外大馬路

（二五）閶蘇南記旅社

地址：金門外太平坊二五號

（二六）同意公旅社

地址：西中市

（二七）安東飯店

地址：洙泗巷一〇號

（二八）江南飯店

地址：北局大監弄

（二九）吳中飯店

地址：北局

（三〇）吳宮飯店

地址：察院場口

（三一）南洲旅社

地址：閶門外丁家巷二三三號

—132—

（三二）京滬飯店
地址：閶門外大馬路二七五號
（三三）東方飯店
地址：北局
（三四）東吳和記旅社
地址：閶門外大馬路三一三號
（三五）東新旅社
地址：閶門外小楊樹里一五號
（三六）惠中旅社
地址：大井巷東三六號
（三七）新江南旅社
地址：閶門外橫馬路民慶里
（三八）新閶旅社
地址：[illegible]馬路一二三號
（三九）新雅飯店
地址：觀前街一一七號
（四〇）新蘇飯店
地址：北局三五號
（四一）遠東飯店
地址：北倉橋堍
（四二）樂鄉飯店
地址：大井巷
（四三）爵祿飯店

—133—

地址：觀前街施柏公弄口

（四）蘇州花園飯店

地址：大馬路新民橋

乙 戲院

（一）大光明影戲院

地址：北局

經理：陶壽森、孫振裴

（二）金門大戲院

地址：橫馬路五二八號

負責人：陶壽森、副 經管之

（三）國泰大戲院

地址：橫馬路一一五號

（四）開明大戲院

地址：北局

（五）蘇利劇場

地址：宮巷八九號

負責人：王偉公（老闆爲阿常，前偵緝隊長

（六）皇后電影院

地址：北局

主辦人：張經毅，陸文儀

（七）青年會電影院

地址：北局

（八）美琪電影院

主辦人：徐立三，陸友龍

地址：北局

主辦人：胡志佩

（九）勝都電影院

地址：北局

負責人：曹晴初

（十）大華電影院

主辦人：劉同翁（顧偉）

（十一）俱樂部電影院

主辦者：縣黨部

（十二）光華戲院

經理：洪清棟

丙 茶室

（一）吳苑

地址：觀前

茶客：多地方士紳。

（二）金山茶室

地址：河浜橋西塊（電話五〇四）

（三）梅園協記茶社。

—135—

地址：楊家巷（電話一一四九）

（四）紅星茶室

地址：觀前

茶客：成份複雜

（五）丹鳳茶室

茶客：多數育界人。

（六）新安茶社

地址：施相公弄口。

丁 浴室

（一）天一池浴室　地址：閶門外小楊樹里

（二）天然浴室　地址：阿黛橋浜

（三）浴德池浴室　地址：景德路東七號

（四）清泉浴室　地址 宮巷一一八號

（五）寳金泉浴室　地址：北倉橋蘭花街

（六）蓬瀛浴室　地址：太監弄

（七）蘇州浴室　地址：閶門外大馬路小菜場東一二號

（八）雙龍池浴室　地址：閶門外上塘街樂榮坊口

戊 匪偽住宅

（一）蔣介石住宅

—130—

地址：對門內十全街蔡貢坊巷底（南園）

（二）[illegible]祝同住宅

地址：公園路長洲路

建築：洋房　幢

（三）錢大鈞住宅

地址：平門路一號

電話：二〇九、二三二號

（四）張少華住宅

地址：盤門東大街七號

電話：一六九一號

（五）[illegible]南住宅

地址：小王家巷四　號

電話：一六六三號

（六）陳桂清住宅

地址：中大營門朱牙場

電話：一七　五號

（七）陳禮江住宅（陳係社教學院院長，CC系黨特份子）

地址：齊門路一七一

電話：八二六

（八）李士[illegible]遺宅

地址：鳳凰街

建築：洋房　幢

（九）孫科住宅

—137—

地址：大石頭四四號

（十）沈鵬住宅

地址：顏家巷五號

電話：二三八號

（十一）偽江蘇軍管區司令住宅

地址：思婆巷六號

電話：二一一六號

（十二）吳縣縣黨部書記長宅

地址：育嬰堂路溯九號

（十三）偽太湖清剿區指揮部蘇州辦事處主任住宅

地址：大石頭巷二四號

電話：一七五〇

（十四）上海市政府處長沈澤蒼住宅

地址：韓家巷四號

電話：九三一號

（十五）台灣督官公署財政處長住宅

地址：府衙前五號

電話：二二〇〇號

（十六）軍事參議院中將參議羅浩住宅

地址：大柳貞巷六號

電話：一四三六號

（十七）胡藹漢住宅（胡係前忠救內著名土頭，現任陽澄區清剿指揮官兼陽澄區區長）

地址：東花橋巷三八號

—138—

電話：二三七七號

（十八）許指揮官住宅
地址：三茅觀巷二七號
電話：二一〇〇

（十九）顧祝同岳丈佘公館（前任第三方面軍總監）
地址：木門資裕路上（自立飛場）

（二十）許寶光住宅
地址：東麒麟巷
據源：接收敵產得來

（二一）獻戩住宅
地址：

（二二）杜聿明住宅
地址：十梓街鳳凰街口

六　人物

（一）嚴欣淇　偽立法委員，蘇綸紗廠老闆，並任參議會議長，近始辭去。憑其資財與黨特勾結為蘇州戰後最活躍人物。聯絡陳天佐、程法勤等在參議會中壓倒錢梓楚老紳士。

（二）許寶光　偽吳縣縣長，前江蘇省第二區行政督察專員、兼該區保安司令，現退休，住東麒麟巷敵產洋房。出身軍人，在地方上有潛勢力。

（三）任援道　偽江蘇省長，籍宜興，僑居蘇州，置有住宅、近已遷往香港。

（四）龍國樑　偽師長

（五）徐樸誠　偽軍長，染偽時期風雲人物，在蘇置有第宅。

（六）錢梓楚　偽國大代表，大地主，代表沒落地主階級勢力。

—139—

（七）顧君博　蘇州日報社長，縣參議員、中學校長　思想保守，舊式士大夫型人物。
（八）陳天佐　前吳縣電訊局長，協助嚴欣淇辦蘇綸紗廠及江東日報，爲嚴系健將。
（九）程法勤　程鑑昌老闆，縣參議員，爲教育界人物，近繼張壽鵬爲縣商會理事長。
（十）許憲民　爲國大代表，婦女協會理事長，兼辦汽車公司，在蘇州社會中頗活躍。
（十一）張康伯　木資人，大地主，擁有二三萬畝田。
（十二）薄　錚　律師，前參議會副議長。
（十三）王宗亮　前縣警察局局長，現住獅林寺。

七　外僑

蘇州，此一封建古城，爲美帝文化乃至政治侵略之溫床，多少侵略使者，包括牧師、醫師、教師，披其慈善和文明之外衣，飄洋渡海而來，挾其雄厚之資財，在葑門天賜莊一帶設置教堂、學校各九所，醫院四、五所；以此爲基地或掩護，刻意經營其侵略事業。茲據不完全統計，蘇州美僑，不包括其他外僑在內，達七十三人之多。內爲

（一）博習醫院院長趙樂門及醫師若干人。
（二）東吳大學主持人楊蓀（Disen）及教授若干人。
（三）基督教青年會負責人史有志及執事若干人。
（四）景海女師女教師六人。
（五）萃英中學校長白先生以下若干人。
（六）志鑑中學教師雷小姐等若干人。
（七）散佈在其他教堂、醫院、學校乃至中美合作所工作人員，其人數不詳。

此外尚有法國天主教會在蘇設有原中學一所，並附設教堂一所。其中應有法僑蹤跡，惟人數及姓名不詳。

—140—

勘誤

本書趕排，略有誤植，茲更正如下：

頁	行	字	誤　欄	更　正
四	四	三五	民	刑
六	一九	三九	十	條
七	一一	二九起	(一)大學原有：	(一)大學合原有
	一五	三三	五	六
三三	一七	五起	建設所	建設廳
	一九	五起	稻作建設所	建設廳
	二〇	八下	，	應刪
四四	一四	一上		應加(四)字
	一七	五	遂	冠
五四	五	一	五	六
八八	五	十六起	重要人物	應刪去
	一二	一七起	創辦及歷史沿革	應刪去
	一五	一三起	英師	英士
	一〇	六起	二職教員)(高	(工哉教員)
一一六	三	七起	(十八)	應刪去
一二一	一	五	紀	巳
一三六	二一	五	評	詳(多數書內已改正)
一四〇	三	一五	教導	嚴派

此外，目錄第三頁一三、一四行末三字(二八)係(一一八)之誤。同頁二一行「茶室」應與二二行戲院對調位置。